解放众筹

CROWDFUNDING REVOLUTION

刘文献◎主编
李利珍◎执行主编
勾亦军◎执行副主编

中国财政经济出版社

图书在版编目（CIP）数据

解放众筹／刘文献主编．—— 北京：中国财政经济出版社，2015.2
ISBN 978－7－5095－5884－3

Ⅰ.①解… Ⅱ.①刘… Ⅲ.①融资模式－研究 Ⅳ.①F830.45

中国版本图书馆 CIP 数据核字（2014）第 286045 号

责任编辑：张怡然　　　　　责任印制：刘春年
责任校对：甄　飞　　　　　版式设计：丁丁图文

中国财政经济出版社 出版

URL: http://www.cfeph.cn
E-mail: cfeph@cfeph.cn

（版权所有　翻印必究）

社址：北京市海淀区阜成路甲 28 号　邮政编码：100142
营销中心电话：010－88190406　北京财经书店电话：010－64033436
北京时捷印刷有限公司印刷　各地新华书店经销
787×1092 毫米　16 开　16.25 印张　198 000 字
2015 年 2 月第 1 版　2015 年 11 月北京第 4 次印刷
定价：36.00 元
ISBN 978－7－5095－5884－3/F·4748
（图书出现印装问题，本社负责调换）
本社质量投诉电话：010－88190744
反盗版举报热线：88190492　88190446

向为本书付出劳动和智慧的众筹解放者们致敬：

刘文献　李利珍　勾亦军　黄东　孙斌　张叶　万里伏鹏
陈江涛　苏金菊　朴永红　刘晓旭　于磊　杨亮　李卫国
颜兵　樊耀　甄学伟

作者简介

姓名：刘文献

认筹： 主编、第四章

职业：

中国电子商务协会互联网金融专委会理事长、中国互联网大会联席主席、北京现代金融研究院院长、FDS中国资本创始合伙人、北京特许经营权交易所董事长、领筹网董事长

自我介绍：

刘文献，我国特许经营事业的主要推动者之一，20世纪末出任国际知名特许经营发展服务组织FDS中国首席代表，服务和见证了中国最早一批特许经营品牌的崛起，被媒体誉为"中国特许经营第一人"。

2003年，联合北京师范大学开创全球第一所特许经营本科学院并担任院长，其间还担任了国家特许经营监管与促进课题组组长和国际特许经营学术大会主席，提出"特许经营国策论"。2008年，以现代商务金融家的身份进入金融领域，在北大金融系主任何小峰的支持下，与薛亮等一批知名投资人创立"FDS中国资本"，投资多家上市公司。2012年，经北京市政府批准，注册成立我国唯一一家特许经营权交易所——北京特许经营权交易所，践行特许经营领域资产证券化、交易化的商务金融理论，个人被誉为"现代商务金融家"。2014年，创建中国唯一交易所级别的众筹平台——领筹网，在业界四种众筹基础上，提出"第五种众筹"，即经营权

收益权众筹，力求通过众筹解放民间经济和民间碎片化财务的对接及交易，此间提出的"互联网金融交易所化""经营权交易新四板市场""众筹五环理论"等，备受业界及媒体关注。

现担任中国电子商务协会互联网金融专委会理事长、中国老年产业基金会众筹金融专委会理事长、2014年中国互联网金融大会联席主席、2014年中国众筹大会主席、国务院发展研究中心金融研究所2015年中国民间资本大会众筹中国论坛联席主席、北京两岸金融研究院执行院长、北京现代金融研究院（中心）院长、2015年中国互联网金融大会联席主席等职务。著有《中国特许经营大全》、《特许经营概论》、《商务金融》等著作。

刘文献一直是一位富有激情的创新者、拓荒者、理想主义者，也是一位卓有成效的现代金融体系平台构建者、实践者、集大成者，亦是中国经营权众筹金融第一人。

认筹感言：

《解放众筹》这本书开始叫《众筹革命》，但最终我们选择了《解放众筹》这个名字，因为我觉得"解放"比"革命"更加适合这个时代，在我们的众筹道路上，并不是要去革掉旧世界的命，而是众多同路人一起获得解放。是自我的解放，也是整个社会结构和体制的解放。是那些同我一样，为中国经济光明未来日夜不息、殚精竭虑奋斗的企业家们的解放。

只有解放，才有真正的普惠金融，才能将市场和资金活力从传统垄断机构当中释放出来。解放众筹，也许能带来真正金融的民主和自由。而第五种众筹，或许将在其中扮演重要角色。

姓名：李利珍（Nothing Li）

认筹：执行主编、第一章、第三章、第六章二至五节

职业：

北京特许经营权交易所副总经理

自我介绍：

就像古龙笔下的人物一样，某一天，明月高悬，本人孑然一身，怀抱梦想，随波逐流。尘世间翻滚腾挪，有时开心，有时疲惫，但初衷不改：我如此热爱这个花花世界，但求潇洒来去。

认筹感言：

接触众筹项目越多，越能体会到众筹对于当下中国经济的重要程度。虽然我们的国家一直在改革开放，但金融自由度一直备受钳制。现在公开化的众筹更多是商品销售，但我更看重众筹为金融领域带来的新气象。也许有一天，我们可以通过互联网的手段和方式，将无数步履维艰的企业家从传统金融体系中解放出来，不再卑微过活。

一直以来，每天早上喝着豆浆，缓下时光，慢慢看一本书，是我一天当中最能慰藉心灵的好时光。有幸参与这本书的策划和认筹，成为作者之一，也希望这本书能成为其他人的"好时光"。

"三日不读书自觉面貌丑陋"，写这本书，顿觉自己英俊貌美了很多。

姓名：勾亦军

认筹： 执行副主编

职业：

新时代信托公司常务副总裁

自我介绍：

近三十年信托老兵，先后在多家金融机构任高管，体验良多、获益甚丰；《第一信托丛书》主策划、执行主编，著有《信托漫话》；国内首套MBA丛书的主策划、主编；自诩特具学习精神，互联网及新金融领域小学生，对众筹情有独钟；中国电子商务协会互联网金融专委会副理事长。

漫漫人生路颇具老顽童精神且不息跋涉的旅人、斗士。

认筹感言：

众筹，只有众筹，能够有效处置碎片化的巨量社会资金，化解其投向和小微企业渴求资金的旷世难题；只有众筹，能够有效锁定市场，并创造出新的需求；只有众筹，能够以企业的有限时空，汇聚无限的各类资源；只有众筹，能够在移动互联和大数据时代的信息文明中领得发展的头筹。

众筹的星空，就像你的想象力一样绚丽广阔！

姓名：孙斌

认筹：第七章

职业：

北京亿嘉律师事务所主任

自我介绍：

北京亿嘉律师事务所创始合伙人、主任，兼任北京国有文化资产监督管理办公室顾问、CIFC互联网金融联盟法律服务中心主任、新华社特约记者、北京律师协会传媒法律专业委员会副主任、中国传媒大学媒体法规政策研究中心评审专家等职。

毕业于西南政法大学，法学硕士，已有20多年律师执业经历。擅长互联网金融、新三板和投融资法律业务，承办过多家公司的股份制改造、收购兼并、资产重组、新三板挂牌、四板挂牌及上市业务，处理过大量涉及项目融资、私募股权、外商投资、基金、信托、保险等的法律纠纷，具有丰富的投融资、并购、新三板挂牌及公司海内外上市实务经验。

认筹感言：

"三个臭皮匠，抵得上诸葛亮。"一个人的知识和经验总是有限的，弥补个人有限性的方法只有靠众筹了。众筹将众多个人的智慧合成集体的智慧，未来可能会成为智力成果的主要生产方法。

作为一个法律人，有机会认筹《解放众筹》这本书是一件很幸运的事。法律是对过去经验的总结，所以法律总是陈旧的，要用陈旧的法律去指导互联网金融这个最新鲜的玩意儿，总显得力不从心。但法律又是善良的艺术，我相信法律在其冷漠的面目背后其实也有一颗温暖的心，我将尽力在这本书里让你们感受到法律的温暖。

姓名：黄东

认筹：第五章

职业：

专业律师、业余投资人

自我介绍：

充满激情的法律人，北京市君佑律师事务所执行合伙人，具有律师、经济师、企业法律顾问、信用管理师资格。历经几百个诉讼案件的锤炼，拥有长期为公司企业服务的经历，具有深度参与股权交易并购投资的经验。从法院到律师20多年的工作历程，使自己拥有了专业审慎的眼光，一切为客户负责的态度，帮助企业走出困境、获得发展的能力。近几年在北京大学汇丰商学院学习，担任EDP同学会常务副会长、律师联盟理事长、PE37班班长、后PE首期班班长、财富智慧管理班班长。同时还担任北京市律师协会风险投资与私募股权专业委员会委员、中国民主建国会海淀区区委委员、北京市民建法制委员会秘书长、北京商务服务业联合会副理事长、北京特许经营权交易所首席法律顾问等职务。作为主要发起人创办的大型商务服务平台——北京富甲百年商务服务有限公司，为国内外数十个城市提供法律、会计、信用评级、资产评估等多项定制化、集束化的高端商务服务和多项增值服务。

认筹感言：

众筹，一个自古就有的概念，在世界经济大格局下蓬勃发展，在中国经济新常态下，获得了生机！它正以势不可挡的步伐向我们走来，在未来，不光在互联网，更多在线下，必将极大地影响人们的经济生活，激发出民间资本巨大的爆发力！第五章案例的写作过程本身就是一个众筹的过程，大量数据资料来自网络，几位优秀的律师——苏金菊、朴永红、刘晓旭、于磊、杨亮也给了我极大的帮助！我期待众筹的解放，也相信，解放了的众筹将像胜利女神一样引导我们自由前行！

姓名：张叶（STEVEN ZHANG）

认筹： 第八章

职业：

领筹网副总经理

自我介绍：

我是一名正在不断积累经验的未来互联网金融众筹专业人士，是健康产品领域最懂众筹的"IT男"。1994年获得中国第一批电子计算机应用统计学学士学位，2000年前往正在举办千禧奥运盛事的城市——悉尼留学深造，获得IT硕士学位，2004年经历人生第一次转折，从IT产业打工族转入健康产业创业族，在悉尼众筹了一家股份公司，实现了帮助澳洲华人通过正确饮食获得身心灵全然健康的梦想。

2008年陪夫人回国进修中医，先后在国内两家大型健康产品企业担任海外营销高管，2014年经历人生第二次转折，从健康产品营销领域转入金融产品营销领域，开启了帮助中国中小企业通过众筹获得健康成长的崭新道路。

认筹感言：

我非常荣幸能够在中国众筹刚刚起步的阶段进入这个领域，并和本书主编刘文献院长共同编撰这样一本不仅影响中国而且即将影响全世界的著作。2014年，众筹在中国的高速发展让西方大国吃惊。众筹真正体现了民主、体现了互联、体现了普惠，有效解决了中小企业从资金需求到人才需求和销售需求的诸多难题。刘文献院长发现的第五种众筹模式，使初创企业可以不用过早稀释股权而快速融得第一笔资金、融得客户和渠道，同时领筹网在企业发展的每个阶段，都可以通过众筹的方式满足企业的各项需求。众筹必将使中国经济发生前所未有的巨大变革。

姓名：陈江涛

认筹：第五章

职业：

中国电子商务协会互联网金融专委会副秘书长

自我介绍：

工作以来，跨界近乎"离经叛道"，从通讯央企，到酒店国企，再到金融私企，几经周折，终钟情特交所，以期顺势创新，众筹天下。虽步履艰辛，却勤勉坚定，又常命遇贵人，故颇为自足。偶以"笑看江水漾其涛"自诩，性嗜书，与爱人合著《致校园中一起飞过的鸟人》小说一部，正待众筹出版。

认筹感言：

话说，无众筹，不发展。从茹毛饮血时代的围猎分食，到如今的合伙办公司等，整个人类历史就是一场众筹变形记。所以，今天肩负着普惠大众使命的众筹，不过是返璞归真而已。怪不得自从码了《解放众筹》的"小豆腐块"后，整个人都感觉更朴实了。

老板说："让天下没有难筹的梦想。"为示一切皆可众筹，"笑看江水漾其涛"欲众筹世纪婚礼，身体力行，领筹梦想。

姓名：万里伏鹏

认筹： 第二章、第六章第一节

职务：

FDS 中国资本副总经理

自我介绍：

万里伏鹏，诞生于改革开放的第一缕春风中，民主与改革，自由与市场，作为一种信仰，已被深深地植入了血液中。最崇敬的三位经济学家分别是自由市场经济的鼻祖亚当·斯密、自由市场的坚定捍卫者与无畏的斗士哈耶克，以及新自由主义的旗手弗里德曼。

大学主修市场营销专业，却与资本和金融衍生品市场结下不解之缘，十几年证券、权证、期货的投资经历，使我深刻地认识到：市场的运行自有其内在逻辑，经济规律是不可抗拒的，任何反市场的行为，不管它的背后是多么强大的集团甚至政府，最终都只会以失败告终。

认筹感言：

详见"后记"众筹三人行本人观点。

姓名：颜兵

认筹：第六章第六节

职务：
见自我介绍

自我介绍：
自幼爱奇思妙想，喜和小伙伴们游戏并做头定规则。

20年前，放弃公务员职业赴日留学，让人生"从零开始"；

15年前，日本横滨国立大学法学研究生毕业后，似乎以当年新毕业生中最高年薪者进入最受新毕业生欢迎的著名游戏企业之一（株）ENIX，从此和手机游戏结缘，成了移动互联网的老兵，才有了猫妹这个神奇的"女儿"，也才有了"非诚勿扰"这个众筹故事的开始；

12年前，回国创业，先后参与创办和经营的公司有天津松达、北京瑞思集团、南京斯代尔等；

10年前，过关斩将，成功应聘江苏首位特岗公务员，成为当时内地年薪最高的"政府雇员"。

这十年来，除了做手机动漫游戏、音乐、微电影内容之外，还涉足智能投影、O2O体验营销等领域。先后发起成立移动互联研究院（原名：日3G应用研究院）、国际漫画家新媒体联盟，拥有中关村ZDMIA移动游戏创业联盟理事长、中国虚拟运营商发展研究中心高级顾问、社科院山东战略发展研究所研究员、北京市特聘专家、海聚人才等名头。

认筹感言：
这是一本值得期待的书，毋庸赘言这也是一本来得最及时的书。

"众筹"的造词法有点儿和日语接近，其实按中文习惯造词更应该是"筹众"，于是顺理成章就有了："筹什么？怎么筹？怎么筹才合法？筹的花样及来龙去脉？"这些这本书都有了交代，于是我把准备做的一个"非诚勿扰"泛游戏众筹项目及基本想法和盘托出，希望以解剖麻雀的方式说好一个众筹故事。

这本书不仅说众筹而且以众筹的方式和理念写众筹，这点吸引了我！

相信也会吸引您！

目录
CONTENTS

推荐序　解放众筹的创新驱动力 / 001

推荐序　众筹金融时代 / 007

前　言　伟大的 2014 年 11 月，解放众筹与众筹解放 / 009

众筹笔记　WE ARE YOUNG！/ 029

第一章　众筹起源和在互联网金融时代的进化与爆炸 / 031

众筹在 1602 年 / 033

大洋彼岸的解放号角：《JOBS 法案》/ 037

这就是一个解放众筹的时代 / 041

第二章　从历史的深处看众筹 / 045

众筹吹响了"新自由主义"反对政府干预的新号角 / 047

经营权众筹开辟了一片企业融资和个人投资的新蓝海 / 054

经营权众筹开拓了一方企业崭新组织形式的新天地 / 059

第三章　众筹之大神和小神 / 067

银行家众筹赢得南北战争 / 069

罗斯福一张照片众筹 230 亿美元 / 072

《伊利亚特》出版物众筹先河 / 076

　　　　传媒大亨与自由女神众筹 / 079

　　　　那些众筹"科技萌民" / 084

　　　　天赋人权之众筹娱乐权 / 087

第四章　第五种众筹 / 093

　　　　各有千秋"四大筹" / 095

　　　　第五种众筹到底在玩什么？ / 098

　　　　第五种众筹是"拯救者"吗？ / 100

　　　　活泼严谨向前跑 / 104

　　　　从第五种众筹谈资产证券化 / 107

第五章　他们，是如何成功的？ / 111

　　　　平安好房海外众筹的秘密 / 113

　　　　阿里系的"聚土地" / 117

　　　　在一八九八咖啡馆品众筹咖啡 / 120

　　　　从3D打印机看科技众筹 / 127

　　　　众筹拍电影更好看吗？ / 134

　　　　一边游戏一边众筹 / 142

目 录
CONTENTS

冰桶游戏，救了渐冻人的公益娱乐众筹 / 148

"妙辣熊猫"众筹，让世界品味食神 / 154

JD"三个爸爸儿童专用空气净化器"产品众筹 / 157

第六章　众筹狂飙时代，你还没玩过的玩法 / 161

拥有 1600 元就能成为光伏电站的合伙人？/ 163

晒娃神器的收益权众筹 / 165

本书是如何完成"汉堡式"众筹的 / 168

众筹一棵生命树 / 170

硒土地众筹，筹什么？/ 172

非诚勿扰——无游戏不众筹 / 175

第七章　众筹的边界 / 179

关于众筹，法律到底说了什么 / 181

众筹与非法集资的界限在哪里 / 184

众筹的法律风险及其防范 / 187

第八章　西方众筹的解放与启示 / 205

众筹正在解放银行 / 207

西方众筹的昨天 / 211

西方众筹的今天 / 212
五花八门的西方众筹及其启示 / 214
西方众筹的未来 / 221

第九章　众筹人，在路上 / 225

后　记　不是结尾：众筹三人行 / 234

推荐序

解放众筹的创新驱动力

刚刚结束的中央经济工作会议指出：我国经济正在向形态更高级、分工更复杂、结构更合理的阶段演化，经济发展进入新常态，正从高速增长转向中高速增长，经济发展方式正从规模速度型粗放增长转向质量效率型集约增长，经济结构正从增量扩能为主转向调整存量、做优增量并存的深度调整，经济发展动力正从传统增长点转向新的增长点。认识新常态、适应新常态、引领新常态，是当前和今后一个时期我国经济发展的大逻辑。而其中的重中之重，就是要"让创新成为驱动发展新引擎"。

处在后金融危机时代的今天，有两位伟大的经济学家的救市方案可以参考：一是凯恩斯主张的政府刺激创造有效需求，二是熊彼特坚持的创新才能带来持续的有效需求和有效供给，关键是发展创新。

所幸的是，中国选择了"以大众创业、万众创新形成发展的新动力"。中央经济工作会议指出：我国存在大量新的增长点，潜力巨大。发现和培育新的增长点，一是市场要活，使市场在资源配置中起决定性作用，主要靠市场发现和培育新的增长点。二是创新要实，推动全面创新，更多靠产业化的创新来培育和形成新的增长点，创新必须落实到创造新的增长点上，把创新成果变成实实在在的产业活动。三是政策要宽，营造有利于大众创业、市场主体创新的政策环境和制度环境，政府要加快转变职能，创造更好的市场竞争环境，培育市场化的创新机制，在保护产权、维护公平、改善金融支持、强化激励机制、集聚优秀人才等方面积极作为。

一句话，就是要用市场机制发现增长点，用创新解放生产力，并变革不适应创新发展的生产关系和体制机制。

互联网金融和众筹就是全球第三次工业革命市场大浪中，市场先行发现和培育的与全球同步的重大发展机遇，并正在迅速地和金融业、农业、文化产业、旅游业、高科技产业、医疗养老产业、现代商业、现代服务业等行业结合，形成了海量的丰富鲜活的实实在在的产业创新活动，改变甚至颠覆了原有的部分产业的陈旧格局，点燃了人民大众创新激情和创业梦想，引领了中国新常态下新一轮创新、创业浪潮。

中国政府准确而牢牢地抓着这轮史无前例的互联网革命。习近平主席在致首届世界互联网大会的贺词中指出：当今时代，以信息技术为核心的新一轮科技革命正在孕育兴起。互联网日益成为创新驱动发展的先导力量，深刻改变着人们的生产生活，有力推动着社会发展。互联网真正让世界变成了"地球村"，让国际社会越来越成为"你中有我、我中有你"的命运共同体。习近平强调，中国正在积极推进网络建设，让互联网发展成果惠及13亿中国人民。

李克强总理在接见世界互联网大会中外代表时指出：互联网是人类最伟大的发明之一，改变了人类世界的空间轴、时间轴和思想维度。中国已发展成世界互联网大国，互联网是大众创业、万众创新的新工具，只要一机在手，人在线上，实现"电脑＋人脑"的融合，就可以通过创客、众筹、众包等方式获取大量知识信息、对接众多创业投资，引爆无限创意、创造。互联网突破既是科技革命，又是保障公平的社会变革。在随后的国务院常务会议上，总理更是明确提出要促进互联网金融发展来服务中小企业和农业，并非常罕见地要求监管部门尽快开展股权众筹试点改革。

可以说中国互联网和互联网金融及众筹的世界展示着奇特的风景：一方面是最高领导人的互联网及互联网金融的顶层创新思想设计、行政审批的简政放权和对众筹难点的定点爆破，带来了强劲的改革东风，并引发与互联网密切关联的新增市场主体以新增1000万的体量井喷式增长。另一方面，局部混乱的意识形态、滞后于现实的法律法规、对变革的担忧和恐惧以及失败甚至跑路的现实个案，又像一层乌云一样弥漫扩散，并时不时会带来"倒春寒流"。这也是我们的新常态之一，但解决的方法仍是"以政府自身革命带动重要领域改革，以大众创业、万众创新形成发展的新动力"。

在这个特殊的中国互联网金融和众筹金融的黎明时分，刘文献先生提出"解放众筹"及同名著作的出版，有着重要意义。《解放众筹》一书，对可能禁锢了众筹发展的诸多方面做了全景式扫描分析，给出了诸多良好的解决方案和建议，试图为我们描绘出解放众筹的有效路径图。其实，我认为更重要的是他所唤起的解放众筹的激情，和所描绘的被解放的众筹能解放的行业、企业、创业者的巨大创新前景，我深深地被打动和感动了。

刘文献先生以丰富的商业和金融理论实践和真诚的勇气与智慧，在其创新性提出"经营权证券化是中国金融创新一大新红利"的背景下，大胆创新构建众筹新体系，首创"第五种众筹即经营权收益权众筹"、"互联网金融交易所化"、"构建多层次资本市场的四板市场即经营权交易市场"、"众筹五环路说"、"解放众筹"、"跨国众筹"、"世界众筹大会"等一系重要观点、理论和倡议，并付诸艰苦卓绝的创新实践。这些理论和实践，把众筹从四种众筹（股权众筹、债权众筹、奖励众筹、公益众筹）增加到经营权收益权这第五种众筹，丰富了众筹的类型，减少了中小创业企业的股权过早释放，简化了众筹参与者之间的投资者关系，回答了市场目前已经由群众首创出来的众筹现象。而交易所众筹平台模式的建立，包括筹资人、领筹人、保荐人、担保人、承销人、投资人六大众筹角色的众筹交易系统创造，强化了众筹的信息披露和第三方征信，构建了众筹交易体系良性生态链，在投资人利益保护和创新运行及众筹失败补偿救助等方面，努力走在了全国众筹平台理论和实践的前列。他的"众筹在多层次资本市场中处于五环路圈层"及"打通各资本市场环路之间立交发展的众筹对冲发展思路"，形象、生动、贴切、接地气，有助于监管层对信息披露及征信等级的适度监管考量，有助于鼓励一批上市公司到众筹市场进行商务和金融的对冲交易发展，也有助于顶层资本市场形成众筹板块和众筹指数，帮助众筹这一"草根"金融融入证券主流金融大市场。

刘文献先生一直就是一位不知疲倦满怀创业理想和创新激情的"创客"。他是我国特许经营领域及商务金融方向的学科开拓者，又是将创新理论付诸实践的现代新金融家。他在 2000 年前后从耕耘多年的 IT 行业跨入特许经营行业并担任 FDS 中国首席代表，2003 年他联合北京师范大学开创了全球第一所特许经营本科学院，并担任院长，其间他还担任了国家特许经营监管与促进课题组组长和国际特许经营学术大会主席。2008 年他进军金融业，与他人合伙创立了"FDS 中国资本"。2012 年经北京市政府批准成立我国第一个经营权交易所即北京特许经营权交易所。2014 年，众筹元年，他又合伙发起了以第五种众筹为核心业务的领筹网，开始了他轰轰烈烈的众筹创新理论实践。他迅速在中国建立 36 个全国领筹网分公司的同时，也在英国和美国筹建领筹网。他在国家创新区——横琴发起建设南方众筹金融服务园区，尝试把众筹业务和银行系统打通对流发展。刘文献先生近期走遍全国，通过他独创的 5 级解放众筹课程，对广大中小企业和创业者进行众筹普及交流，培养更多的合格投资人会员。

本书的全部作者和读者都是众筹而来的，因此本书中的众筹理论衔接在有些方面还有值得商榷的地方，但我祝书中的众筹理论在众筹实践中不断完善、修正和成熟，并带动和促进更多的人深入研究众筹运行规律、众筹商业模式及众筹管理体系，创造、创新出更多的众筹成功系统，帮助更多的中小企业和创业者快速发展，帮助更多老百姓安全参与众筹投资。众志成城，筹心筹力，为中国经济新常态发展添加创新活力，为大众的中国梦增光彩。同时，也祝愿刘文献先生倡议的世界众筹大会能早日成功举办，让众筹创业之光，惠及全世界；让众筹创新之火，点燃人类美好梦想。

胡石英

中国金融协会名誉会长

推荐序

众筹金融时代

什么可以改变当下的金融格局、金融模式,还可以改变人类的生产生活方式、产业模式和商业管理方式?是众筹。只有众筹,可以实现真正的平等、民主、自由、开放;实现金融普惠;实现金融社会主义!

笔者把互联网金融定义为众筹金融,它是指依据这些移动互联网、大数据、云计算,实现支付清算、资金融通、风险防范等金融本质的回归,具有快速、便捷、高效、低成本的优势和场外、涉众、混同的特征,并能打破金融垄断,实现消费者福利。笔者相信互联网可以改变人类的生活,互联网金融可以改变中国的命运。

笔者认为众筹可能是人类历史上第二个伟大的发明,这里面想象空间无限巨大。所以笔者提出众筹金融概念取代互联网金融,因为众筹概念比互联网金融概念更大,更具有颠覆性。众筹是人类历史的重要发明,对于当下的中国具有特别的意义。30年前,我国导入股份制实现了国有企业的改革,真正开启了改革的大门。30年后,我们的改革进入深水区,贫富差距扩大、社会发展不均衡、资源浪费、环境污染、食品不安全,等等。这些问题是对我们建设中国特色社会主义的巨大挑战。而众筹,通过互联网,一定程度上实现了平等、民主、自由、开放,有助于解决当前的贫富差距扩大、金融服务不到位等改革深层次问题。笔者相信，众筹是继股份公司、信托、合伙等制度之后又一新的制度发明，必将对人类的金融模式、生产生活方式产生重构性或颠覆性的影响。

2014年11月20日，李克强总理在互联网行业座谈会上说，互联网是大众创业、万众创新的新工具。只要"一机在手"、"人在线上"，就可以通过创客、众筹、众包等方式获取大量知识信息，对接众多创业投资，引爆无限创意创造。笔者认为，刘文献院长主编的《解放众筹》是一本真正众筹思想、众筹智慧、众筹知识的书籍，相信必会对我国的众筹实践和发展做出巨大贡献。特此推荐。

杨东

中国人民大学法学院副院长、教授、博导

前言

伟大的 2014 年 11 月，
解放众筹与众筹解放

2014，被称为众筹元年。这年的 11 月，注定会被载入中国众筹发展史册。在 11 月 12 日中国互联网金融大会和 11 月 13 日中国众筹年会上，我在发言中谈到，希望中国的众筹在 2015 年（不包括 P2P 债权众筹，因为只有短短的两年，它就已轻松越过 2000 亿元大关了）能超过 100 亿元这一里程碑数字，尽管世界银行认为未来三年世界众筹的一半将发生在中国，并且将达到 3000 亿元以上的规模。

我没有准确地统计中国电子商务网购越过 100 亿元用了几年时间，但"骨感"的现实数据说，2014 年上半年中国众筹可统计数字不超过 2 亿元。这让我非常吃惊，显然，蕴藏巨大前景的众筹被什么东西束缚甚至禁锢住了，于是我和我的团队有了一个想法，研究如何解放众筹，以及研究众筹被解放以后，它又能解放现实社会及互联网世界中的什么呢？它被解放的能量前景和社会意义有多大呢？这就是这本书的初衷。而且令人非常高兴的是，这个想法经网络传播，得到了许多认识或不认识的新老朋友的认同，同时也使这本书成了"众筹时代第一本全程众筹创作出版的众筹之书"，即我和我的团队先众筹出大纲，然后众筹作者和出版社。尤其最重要的是：《解放众筹》一书在正式出版前的近万名读者也是众筹来的，他们不仅通过领筹网预购了这本书,而且实际上也参与了这本书的创作众筹,我们在这本书中收录了他们其中部分人对解放众筹的感言。我们将发扬这个传统,在今后的再版和续集中,众筹我们这个时代的心声和智慧,让每个在解放众筹方面的呐喊和思考,汇聚成巨大的正能量,不断解放"众筹"这个被束缚的巨人。我更期待有一天,全世界的众筹者联合起来,不仅众筹出版一本关于全人类全景版的解放众筹专著,而且众筹解放、创造出一个美丽的新世界。

感谢我们所处的这个伟大的互联网时代,让我们和全世界站在了互联网社会的同一起跑线上。习近平主席于2014年11月19日给世界互联网大会的贺信,在我看来,是解放众筹最好的顶层设计和宣言。在贺信中,习主席深刻指出互联网改变了人类的生活模式、学习模式、工作模式和创富模式,并且给出了让互联网惠及全体人民的宏伟目标。紧接着,11月20日,李克强总理在国务院常务会议上明确指示:要大力发展互联网金融,使之更好地服务中小企业和惠及三农;而且首次明确要求开展股权众筹试点。可以说,正是我国最高领导人高瞻远瞩的顶层设计,超越具体利益集团和陈旧体制的禁锢,以极大的开放勇气和改革智慧,以最真实的对全体国民的爱和责任开启了解放众筹的第一道大门,掀起了全民创新、万众创业的浪潮,使中华民族和中国人民能够在浩浩荡荡的互联网潮流中,首次与全球先进生产力同步,甚至引领性参与到第三次世界工业革命创新浪潮中,在不断解放生产力的创新红利中创造性地去实现中国梦。

2014年11月26日,中国证监会、中国证券业协会紧急召开股权众筹融资中介机构座谈会,这是监管层多次积极表态中最为有操作性的一次。此次会议精神大致概括成以下5点:

1. 鼓励股权众筹行业的发展,用类似私募基金登记管理办法的方式来管理;

2. 鼓励行业自律，在中国证券业协会设股权众筹专业委员会；

3. 对股权众筹平台设立备案制度和项目报备系统；

4. 在非公开发行基础上，响应总理融十条的会议精神，进行股权众筹公开发行的试点；

5. 会有针对股权众筹类报价系统推出，为股权众筹后创业企业服务。

据悉，不久中国证监会将颁布股权众筹的管理框架文件，该文件正在走流程，会和中国银监会的P2P指导意见相继出台。文件将对股权众筹业务做出界定，划定监管红线。

据了解，中国证券业协会之后会成立专门的股权众筹专业委员会，会员由股权众筹平台组成。未来监管层将出台两个管理办法：第一是股权众筹平台的备案制度，第二是股权众筹平台业务规范指导办法；而且即刻开始向各平台征求意见。未来更多管理细则由中国证券业协会及其下属的股权众筹专业委员会来商讨制定。

中国证券业协会相关领导在座谈会上表示，将来在股权众筹的管理上，严格执行合格投资人制度和平台管理制度，股权众筹的合格投资人制度的制定思路会类似于新的私募管理办法。同时，中国证券业协会强调平台自身要自律。

此外，参会的股权众筹平台代表也透露，根据座谈会传达的信息，中国证券业协会即将出台的备案制度会比较宽松，基本上许多规范经营平台都能够进行备案。而在对合格投资人门槛的设定上，监管层和平台目前还有一些分歧。这次会议已经是2014年监管层对于股权众筹的第三轮调研了。

或许后来人很难体会到这次座谈会在解放众筹道路上里程碑意义，尽管真正的众筹监管与促进可能要在2015年年中《中华人民共和国证券法》（以下简称《证券法》）修改以后才能出台，但在一片混沌之中，已经让众筹解放者看清了大致的法律许可方向。其实有关对众筹的法律和法规的明确就是一种最有保障的解放，无论是前进一大步还是一小步，都是解放众筹的一次伟大的胜利。回顾其他金融创新产品的监管立法，我深深地感受到当代金融政策制定者的善意和谨慎，以及其对民间创新的尊重、与世界潮流的同步，这实乃善事。

我们不应该忘记在此前更早一些时候，即更加困难发表观点的时间点上，那些站出来谨慎而客观对众筹表达支持的人，正是他们点燃了人们众筹的希望之火。全国人大财经委副主任委员、清华大学五道口金融学院院长吴晓灵在2014年年初曾经表态：互联网金融最有前景的是众筹和P2P，并且《证券法》的修订为此留下了空间。中国人民银行原副行长，中国农业银行党委书记、董事长刘士余认为中国众筹将占全世界市场的一半以上，成为世界众筹大国。

北京市金融局党组书记霍学文是最早研究并大力推动互联网金融健康发展的专家型领导之一。在2014年6月召开的新金融联盟峰会上，他用7个公式图解了互联网金融，并指出了"互联网金融发展及其未来"的相关研究结论。第一，技术的发展将使金融业呈现前所未有的未来。第二，传统金融和互联网金融一定会融合发展。第三，中国金融业的发展在全世界是不可限量的。他认为，首先是互联网金融的发展，我们可以通过简要的七个公式对它有一个描述。第一个公式叫什么是金融，金融等于制度加技术加创新。还有互联网的四个假说，供给创造需求，形式决定内容，受众决定未来，技术改变一切。此外，互联网金融的监管重点是信息披露和资金托管。他说："你敢于做信息披露你就是好人，如果做好人，才能有创新的机会。资金托管是一定要把互联网金融企业的资金托管到银行，这一点是底线、是不容置疑的。"他认为，"互联网金融的本质是为人民服务，正因为它为大众服务、为'屌丝'服务，而且在这一点上来讲，它赢得了一个空间"所以传统金融和互联网金融到最后一定是融合发展的。互联网金融现在让世界进入到四维空间，对经济、社会、政治产生了新影响。生产方式、生活方式、思维方式是我们过去的全部界面，现在又加了一个社交方式，社交成为新的生产力，并改变了方方面面的内容。互联网金融将使我们的金融业由粗放经营向精准化经营转变，由抵押文化向信用文化转变，由利润中心向客户中心转变，由关注整体向关注个体转变，由关注20%的高大上客户向关注80%的"屌丝"客户转变，也就是说80%的没有得到银行贷款的中小企业将有获得重生的机会。他预言，互联网金融未来的趋势是五项，其中一个是技术成为金融发展的重要动力，一个是大众理财时代的到来，普惠金融将成为现实，长尾理论将战胜二八定律，传统金融与互联网金融融合发展。同时，他总结了未来金融业的五个核心竞争力，一是金融业的互联网化，也就是说传统金融业将在互联网改造之后得到大踏步的发展。二是互联网金融化，互联网企业将大踏步进入到金融领域，在创新业务上取得更大的进步。三是由于大数据的存在使得我们可以构造一个新的信用体系。四是风控将基于云端化的设施。五是金融人才将进一步资质化。互联网金融将使得服务小微变成大微，这里面信用就是财富，服务就是价值，场景就是现实，数据就是资产。

霍学文书记提出，互联网企业要产业集群、共赢发展才是出路。北京市是最早建立互联网金融产业园区并出台相关鼓励政策的。据《中国经济导报》2013年9月30日报道：近年来，石景山区通过政策组合拳，着力聚集互联网金融等新兴业态。一是设立总规模为3亿元的互联网金融创投基金，专门投资于互联网金融初创期和成长期企业。互联网金融创投基金将在市相关部门的指导下，由石景山区政府联合首钢发起的专业管理机构进行管理。二是依托盛景国际等高端商务楼宇，形成总规模近8万平方米的互联网金融聚集区，目前聚集各类互联网金融企业近130家。后续将在首钢二线材厂区等区域进一步打造总规模40万平方米的互联网金融产业园区。三是创新产业发展模式，通过制定促进互联网金融发展意见等一系列文件，为互联网金融产业发展提供人才、政策、服务保障。同样，北京海淀区也出台了相关鼓励、促进政策。现在，北京石景山和海淀已成为全国最大的互联网金融企业产业园区，在互联网金融发展上领先全国，这是和北京市金融局及石景山、海淀及中关村园区等地方政府的创新和远见密切相关的。

2014年，先后有上海、广州、深圳等地方政府发布了关于促进互联网金融健康发展的政策文件，并成立了诸多的互联网金融产业园区。其中，尤以杭州市政府在2014年11月14日赶在11月19日世界互联网大会召开之前，出台的《杭州市人民政府关于推进互联网金融创新发展的指导意见》最为鲜明，毕竟，这离互联网金融的春天已经很近了。有媒体认为：地方政府是推动互联网金融的看不见的推手之一，我认为，他们是解放众筹的"引路人"和"接生婆"，我们很难想象没有地方政府提前探索和鼓励的众筹之路状况，所幸的是互联网金融时代的参与各方形成的正能量和谐共鸣。

2014年7月19日，我在CIFC互联网金融联盟大会上首次创新提出"第五种众筹"及"交易所众筹"的模式和理论，并且得到了行业和媒体的肯定，引起较大反响。我在此次会议上诠释了"解放众筹"的命题。

我认为，第五种众筹是解放众筹的重要突破口之一。我提出的"第五种众筹"是经营权和收益权众筹。暂且先把债权众筹P2P放一边（现在业界、学界基本上讨论众筹主要指股权众筹、奖励众筹、公益众筹），解放众筹的寄托主要在股权众筹和奖励众筹。奖励众筹比较有电子商务的团购和预购特征，其金融属性不强，法律边界也比较清晰。所以时下大家关心的众筹的焦点是股权众筹。但我认为，即使监管层在未来允许股东人数突破200人，以及允许每个人的投资额上限有一个可观的数字（比如20万元），可是大量涌入众筹市场的是中小企业甚至初创企业，过早释放大量股权不利于创始人和企业，并且在现有的《中华人民共和国公司法》和工商制度下，创始人也很难在人数众多的股东规模下做好公司治理、协调，一旦股东产生意见分歧或退市，容易导致群体反应而使公司难以运转甚至解体，毕竟，通过互联网筹来的股东大部分是陌生人。当然，如果股权众筹系统能成为中国证监会领导下类似四板系统，众筹企业变成公众企业，投资人变成股民，则情形有利于企业专心经营。但是能否走到这一步，还要看监管层的综合考量。如果用经营权和收益权为众筹标的，则可以有效解决上述难题。我们北京特许经营权交易所，通过了中国证监会牵头的25部委联席会议审核。我们有一个理想就是探索经营权的证券化。这个市场的体量非常大并且刚刚开始，我们国家股权证券化和产权证券化已相对成熟，经营权、收益权的证券化既有益于鼓励企业重视经营质量和现金流，避免出现银行业过度依赖产权抵押和证券业过度依赖公司股权上市这"两头沉、中间空"的局面，也有利于我们国家公共事业特许经营权（国务院在2014年11月26日公布了《国务院关于创新重点领域投融资机制鼓励社会投资的指导意见》）、企业商业特许经营权（国务院在2007年颁布了《商业特许经营管理条例》）、知识产权许可经营权及一般企业经营活动所产生的收益权的有限证券化。经营权和收益权众筹在美国也是主要众筹模式之一，尤其与电影版权及出版权等知识产权相关的众筹活动，另外在公共事业经营权和商业特许经营权领域出现的收益权众筹也并不少见。实际上，在中国目前已经进行的有较大影响的几个众筹标杆项目中，均体现了经营权和收益权的思想、模式、操作路径及法律关系。比如阿里巴巴的"聚土地"，是以农村土地的经营权为标的，众筹回报是特色农产品。而平安集团的海外房产众筹，涉及5700多人参与投资，也是一个典型的基于产权、经营权收益众筹的热门众筹项目。百度和中信集团推出的关于《黄金时代》电影的众筹，则完全建立在和电影经营收益的结果对赌及消费的二元复合众筹中。因此，我认为未来众筹的主流模式是包括股权众筹、经营权和收益权众筹、奖励众筹、债权众筹、公益众筹五种众筹在内的复合众筹。

我的另一个关于众筹平台运行的重要建设性模式，就是提出了"交易所众筹平台运行模式"。相比于目前大部分企业网站级别众筹平台，交易所众筹平台主要是加强以下几个方面工作：一是加大以发行人和保荐人承担法律责任的信息披露工作，二是加大第三方增信的担保工作，三是加大领筹人的统筹责任，四是抓好合格投资人教育培训，五是与银行合作发行期资金存管，六是与信托公司或券商探索众筹后资产证券化管理之路，七是尝试投资人参与众筹项目后继经营活动。北京特许经营权交易所旗下的众筹平台—领筹网，立志成为中国经营权众筹第一平台，并正以交易所众筹理念和复合众筹模式，开始探索并取得一定成效，希望能为解放众筹开辟出一条新路。

此外，我还有一个"关于多层次资本市场的五环路理论"，也就是主板证券市场在一环路以内，创业板证券市场在二环路以内，新三板证券市场在三环路之内，各地方股权交易中心和各种交易所在四环路，众筹则是在五环路上。各个环路的交通法规思想是一致的，但标准宽严会有所不同。其实，五环路接近城郊，也象征在该环路上开车的众筹更融入实体经济。众筹把投资的决策权还给了普通投资人，也许在五环路上开车的标准宽松些，但更需要投资人自我的投资判断。所以，交易所平台众筹模式有助于帮助更加弱小、孤立的投资人获得更真实的信息披露，以及第三方增信所带来的保障救助。我认为，监管层充分发挥各地股权交易中心及各类交易所的作用，既有助于中国众筹市场的稳健发展，也能让众筹带着实体企业，逐步向三板、创业板进军，真正实现多层次资本市场和谐共生，服务实体经济。我相信，众筹位于金融市场和实体经济市场的"城乡接合部"，众筹平台和众筹企业，都有可能像30年前改革开放时乡镇企业一样，让这些金融业的乡镇企业为新常态时期带来底部创新的红利，搅动一江春水向东流。

解放众筹的全球性力量和国际众筹实践在2014年也是非常重要的一方面，它们汇聚成了一股全球性浪潮，不仅向我们呈现了一个可借鉴的宇宙星系，同时也与我们构成了一种全球性的众筹竞合体系。美国总统奥巴马在2012年签署众筹法案时，主要考虑美国本土中小企业的创业、创新解放，但却对欧洲各国带去了震惊性的思考。知名学者认为，欧洲过度的福利制度和财富传承妨碍了欧洲社会的创新发展。英国是最先全身心拥抱和接纳众筹的国家，英国金融市场行为监管局是一个英国金融混业监管的总机构，它是最早发布针对众筹与P2P平台适度监管的国家金融主管机构之一。出生于美国的Seedrs创始人杰夫·林恩甚至表示："美国和欧洲其他国家都远远落后于英国，英国实施了合理的制度，在保护投资者的同时，创造了一个适合运营的商业模式。"他进而感慨和预测："在这里要向热心的英国政府致敬"，并且"就众筹活动而言，英国是全球最佳国度"。英国在2014年众筹额度预计能达十亿英镑，从2012～2013年间经历了600%的增长（2012年众筹融资400万英镑，2013年超过2800万英镑），这么算起来，从2012～2014年间，英国众筹可能的增长率是5000%的疯狂、野蛮生长。英国财政大臣乔治·奥斯本不久前表示："英国已经准备好挑战美国在众筹领域的主导地位。"他进一步发表宣言式预言："我们站在了创新金融时代的黎明，在设立了英国引领世界的目标以来，伦敦已成为全球众筹之都。今日人们所开发的技术，将革新投资理财以及企业融资方式。它将带来新产品、新服务和新的行业领导者"。伦敦和英国正在成为各个众筹领域尤其是在商业、科技、出版、游戏产业方面全球的众筹市场领跑者，但法国和其他发达国家不甘落后，也在不断地推出更优化的监管与促进政策，上演着众筹世界的超越剧，给全球众筹市场带来了不断的解放惊喜和创新传奇。

尽管中国现在还没有进入世界众筹前十强国家，但世界银行认为在2017年左右，中国众筹份额将达到500亿元左右的市场目标，并且将达到世界众筹市场一半的份额。果真如此，那时候的"世界众筹之都"和"世界众筹王国"的称号都将属于中国、中国的城市群和中国数亿众筹解放者、参与者和创造者。中国能否如期戴上这个"众筹王国"的皇冠，首先取决于一部良好的既保护投资人又适合众筹运行的法律法规。我们在这里提前向立法的决策者和操作者表达敬意，至少，目前的一切进展都表达了立法者和监管层良好的愿望与谨慎和谐、科学创新的态度。确实，一部恶法足以延误甚至扼杀一个时代，一部良法足以解放甚至催生一个时代，如何立一部适合中国国情的众筹监管与促进之法，非常值得我们期待。

中国哪一个城市群会成为下一个中国众筹之都乃至世界众筹之都呢？国际众筹学者巴里·詹姆斯认为：伦敦的领先源于这座城市的初创社群已经接受众筹作为一种融资替代方案。他说："从数据可以看出，伦敦初创社群的高度互联性对众筹的发展起到了推进作用。在美国，不同领域的佼佼者分散于东西两个海岸，而相比之下，伦敦已经成为很多专业领域的中心。"中国目前较多的知名众筹平台如众筹网、点名时间、领筹网、人人投、天使街等均集中在北京，北京又是最早出台互联网金融产业促进政策的城市，加之石景山、海淀等区政府互联网金融产业园的建设布局以及与新三板市场的联动，还云集了无数各种各样的创新社群（无论是刚毕业的大学生，还是二次或三次创业的老创客），这些都使北京或"大北京"（京津冀地区）成为中国众筹之都众望所归。不过，珠三角以广州、深圳、珠海、佛山等为主的城市和城市群，背靠深交所创业板和香港证券市场，长三角以上海，杭州，南京，苏锡常为主的城市和城市群，背靠上交所和上海自贸区，也完全有机会在强大的地方政府与民间力量的良好互动下，后来居上，成为中国众筹的中心。其实，我认为，中国各城市群产业分布和社群特性的不同可能会导致出现多个不同特点的众筹中心，也可能会出现多个截然不同的世界众筹之都。

2014年11月21日，我应邀访问了珠海横琴新区。这个当年由习近平主席宣布，由国务院在2011年批复的"特区中的特区"，经过几年建设，在中国经济新一轮改革开放浪潮中，有着独特的国际化区位优势和全面创新的政策优势。敏锐的特区政府很快把众筹列为新金融的重要业态，并把国士互联网金融生态园及南方众筹金融服务园作为创新现代金融的重要抓手。让我非常兴奋的是，我们提出的"在横琴打造一个国家级的国际众筹金融园区，聚集300家国际众筹金融企业，打通传统金融与新金融和新兴产业之间的产业金融供应链"，"召开世界众筹大会并成为世界众筹大会永久会址"，"打造国际化的世界众筹之城"等宏伟构想得到热烈的响应并达成共识。可以预见的是，面对5000%的众筹市场传奇增长，中国将有更多的城市，赶上人类这次因互联网而带来的互联网金融解放潮流，赋予城市新的金融创新属性，争夺新的金融版图定位，造福一方经济，激发原住民和新居民甚至是外来网民新一轮创新创业大浪潮。

正如李克强总理所言：互联网改变了人类的时间维度、空间维度和意识维度。互联网带来的互联网金融变革，使过去在高度金融压抑和金融管制中的被动性角色（企业），成为现代金融尤其是互联网金融创新的主角。在新监管法律出台之前的黎明时刻，广大众筹企业创新仍然冒着极大的法律风险在。尽管总理说："法无禁止即可行"（但我们的相关法律法规交叉性较强，一般人很难判断），尽管相当多的法律法规不久就可能废止或者修改，但创新者仍有可能在黎明前"中枪倒下"，尽管有横琴新区立法"创新免责"，那也只是适用特区中的企业。所以，我们就更有必要向这些冒险创新的众筹企业家们致敬。正是他们的合法创新或试错创新，拓宽了众筹世界的边界，为人们经济活动展示了互联网金融的无限可能性甚至颠覆性，带来了无穷的想象空间和创新激情。其实，人类的解放，首先是想象力和创新激情的解放。

在本书中，我们可以看到"大佬"级的阿里巴巴"聚土地"土地经营权奖励众筹设计，力图在农民土地经营权收益、农村集约化发展、农业产品销售难与城市居民安心消费、分散投资、心灵回归之旅之间搭建一个"一揽子"时空对冲的商务金融解放之道，令人拍案叫绝。我们也可以看到"金融航母"级的平安集团，大胆试水海外房产众筹，在隐藏了种种设计路线和金融通路之后，展现在众人面前的，居然是5700多名素不相识的人从网上筹集100万美金去买了万里之外没看过的一幢房子。且慢，大家的名字并没有写入房产证也没有谁拿到房产证（如果有，估计这将是一项吉尼斯世界纪录，5700多人共有一套房子）。同样，大家的名字也没有写入拥有这幢房子的公司中（如果有，估计也将是一项吉尼斯世界纪录，5700多人的非公众有限公司）。平安海外房产部门预告说这单生意其实投的是房子的经营收益并且两年共计22%，但这一点没有减弱投资人的众筹热情。有媒体认为，平安此举，筹钱次要，筹人才是目的。确实，将近几千万人的关注和5700多人的海外房产众筹合伙人"大军"，是平安海外业务最重要的亲友团。中信集团、中影集团联手于2014年9月中旬推出"消费+金融"的电影众筹，取名"制片人权益章"，实为国内首单互联网"消费+金融"双重设计思路的实践。对应《黄金时代》的票房从2亿档到6亿档的预测，众筹投资人消费的同时还能分享8%~16%的预期回报。尽管有百度的大数据、大流量、云平台、海量网友等先天优势护航，但由于《黄金时代》票房业绩不理想，众筹投资人最终获得的年利收益为8%。

中国互联网、房地产、金融"大佬"们玩的众筹，和国外比，复杂得多。这是因为中国金融产品的特殊管制，使得没有"出生证"的众筹想要玩收益权众筹，就要借助信托、保险、银行、资管、交易所等金融产品发行通道。这也使许多没有上述通道的众筹平台望而兴叹，转入奖励众筹或股权众筹的拥挤领域。

北京特许经营权交易所及旗下领筹网，本着为广大中小企业和农业提供金融服务的理念，与企业一起开发经营权、收益权产品，开放交易所平台和管道，在符合监管的框架内大力发展"第五种众筹"，打开了经营权、收益权众筹创新实践的另一个新天地，在创新、实践的道路上反复优化。在本书中提到的一些案例有的是完成的，有的是设计中的，并非完美，亦非结论，但求在众筹的世界中探索新道路，给同路人一些灵感。

2014年11月13日，在中国众筹大会上，路演了从全国各地各行业选拔来的优秀众筹项目，其中一家北京知名百姓互联网餐饮企业的一个旗舰店的经营收益权众筹，2个小时就发行结束了。该企业的现金流和利润都非常健康，它试水众筹，更多的是探索"筹人"和会员发展管理新路径。

宁夏中宁百事德太阳能光伏电站众筹项目，众筹设计团队经过反复讨论和调查，参照国家大力发展城市居民分布式太阳能发电企业的精神，把产品设计成最小单位为一片多晶硅太阳能电池瓦的"太阳能发电站"，也就是说，投资人投入1600元，就可以"开一家只有一片瓦的太阳能电站"了。不同于在自家屋顶申请一个分布式光伏发电站要完成整个发电设施及输变电设施的投入，该发电站的其他输变电设施是由发电企业集中投资建设、运营、管理的，每个人投资的这片光伏发电瓦集合在一起，再加上企业投资的输变电设备和厂房设施就构成了完整的发电企业。根据测算，每人每块瓦的投入约等于每块瓦全部投入的30%，每人的每块瓦投入可以连续 25 年分享每季度电费的 30%，折现到每块光伏瓦 1600 元的投入，每年约可分至 15% 左右的投资回报率。众筹太神奇了，它可以让生活在雾霾中的都市人花很少的钱投资远在宁夏高原已建好的太阳能电站来实现分布式太阳能发电梦，在委托太阳能企业帮助挣钱的同时，还帮助人类使用清洁能源，还帮助了宁夏的农民（宁夏百事德太阳能企业把太阳能发电板盖在 3000 户农民的屋顶上，是全世界已建成的最大分布式单体太阳能电站，每户农民每年可得 600 多元补助。该企业因此获国家重点扶贫企业殊荣，这里也有每片光伏瓦投资人的功劳）。

太阳，世界上最清洁和最持续的能源，只要每天太阳照常升起，太阳公社的众筹会员就在为社会做公益的同时还为自己挣钱，涓涓众筹溪流，可以来自世界每一个角落，但却可以众筹出全世界最大的单体屋顶光伏电站，惠及 3000 户农民，惠及地球，减少污染。这就是当代最杰出的思想家之一的杰里米·里夫金在他的《零边际成本社会》一书中对未来世界的预测：协同共享经济将颠覆许多世界大公司的运行模式，现有的能源体系和结构将被能源互联网所替代；机器革命来临，我们现在的很多工作将消失。在宁夏太阳能这个众筹案例中，我们充分可以感受到被解放的众筹释放出的巨大力量。可以想象，有一天，无数个"屌丝"众筹出一个太阳能首富来。同样，在其他行业，也早晚会发生这样的众筹传奇。

如果说太阳能众筹是晒太阳就把钱挣了同时还把爱心献了，那么"月亮女神"的众筹则是您在睡梦中就把钱挣了还献了爱心。我有一个朋友叫周星轲，他是东莞上好便利集团的创始人，在珠三角开了 2500 个便利店了，天天琢磨着公司如何上市。有一天，他突然告诉我，他把业务的重心调整到他的故乡恩施了。恩施是全世界的硒都，那里有全世界唯一的硒独立矿藏和丰富的含有机硒的土地。硒被称为人类健康的守护神，所以科学家用月亮女神雅典娜的名字来命名它。全中国有相当一部分地区和人区严重缺硒，营养学家建议像全民补铁、补锌一样补硒。恩施州政府非常重视硒产业，建立了硒产业办和国家级硒产品检验中心，统一了硒产品标准，每年还举办硒产品交易会。但硒土地和硒产品企业都高度分散，形不成竞争力。周星轲想用复合众筹来整合改变整个硒产业链。他先是在恩施用股权众筹和经营权众筹建立了硒博园物流及旅游体验中心，然后在线下 2500 个实体便利店中开设 2500 个众筹的"硒姑娘健康产品专柜"，同时配套在线上开相应的硒姑娘健康产品众筹网店和微店。用众筹的方法建立渠道后，他再开展上游的硒土地奖励众筹，把富硒土地经营权流转起来。世界各地需要硒产品和想投资硒产品的人只需奖励众筹和收益权众筹，在月光下散步的同时，远在恩施的农民和产业工人就已经在为投资人或投资人的客户进行产品装箱了。也许这次是送往东北的高含硒有机大豆，也许是克强总理视察过的黄金坪梨，也许是出口日本的中草药厚朴的叶子或出口欧美的"一叶动天下"的伍家岭贡茶，也许是经过科技加工的硒虫草含片。认筹者如果是消费众筹，发起人就把产品寄到他家或朋友那里；如果是收益权众筹那就看一下"月亮女神 APP"，看无数的"硒姑娘产品众筹专柜"为投资者挣了多少钱。恩施属湖北省，但却是中国中部少有的西部地区，是土家族和苗族自治州，是武陵山区国家级扶贫地区，也是大美中华的旅游胜地，每年的恩施土家族圣大节日"女儿会"，已成为闻名中外的相亲大会和全城歌会。周星轲的梦想是在那一天把全世界参与硒众筹的硒友们请到恩施来，载歌载舞，庆祝全世界最大最长的硒供应链众筹合作社的诞生。

众筹解放了人们的想象力、梦想和创新激情，使得曾经世世代代在传统经济时空中弯着腰、按部就班甚至有时深感绝望的人们，有机会抬起头，看见日转星移带来的现实时空和虚拟时空的对冲，带来的联合每个众筹消费投资人逆袭重组大产业的可能。

不管是"众筹太阳神"还是"众筹月亮女神",类似的众筹梦每天都在我身边上演,在中国乃至世界的某一个角落,某一个行业,某一个人身上上演。比如要在中国农村建四万个免费电影院的中广电集团,要知道整个中国才四万块银幕。它的商业模式曾引发激烈争论,有人认为是规模广告效应,有人认为是农村版的万达,有人认为是羊毛出在羊身上。直到有一天有个失联很久的年轻人来看我并讨论扶贫的众筹,他讲了一个"背条大路回故乡"的真实的故事,他说他可以牵头实践"背个影院回故乡"的众筹,他说,如果中广电集团像在广西崇左那样在贵州建1000个免费电影院的话,他可以负责众筹1000个文化名人、1000个企业家、1000个创业青年,1000个村长,或许还有10000个游子,一起来和中广电共同领筹一个个电影院。一个企业单独投1000个电影院很难,但大家众筹"背一个影院回故乡"就容易得多。一语惊醒梦中人,有些事,一个企业去做看上很难,但运用众筹社会的力量,也可能非常容易。这么说,是人们解放了众筹,还是众筹解放了我们呢?

我们也试图带着众筹的系统思维与一些在创新中前行的行业协会组织在一起,纵深拥抱剧烈变革中的那些行业。我们关注即将迈入老年社会,关注我们每个人都要经历的银龄时期。我们的人口劳动红利不多了,但我们的人口创新红利却可以增加。我们和中国老年产业基金会一起成立了老年产业众筹金融专委会,怀着关爱老人也关爱自己未来的心,研究众筹如何突破障碍,更好打通养老金融、养老消费、养老社会管理和养老关爱之间分割的现状,实现养老一卡通的自我众筹与他人认筹的有机结合,设计科学养老公寓、养老医院、养老产品连锁店、养老保险等商务金融消费众筹产品,让众筹为社会化科学养老体制的实现做创新贡献。

我常常为每天络绎不绝带着各种项目和各色构想到特交所和领筹网的企业家的众筹梦想和众筹智慧所感动。无论他的出发点是把众筹作为解决困难的工具，还是把众筹作为超越现状的"魔法石"；无论他们是想众筹一座供年轻人蜗居的有品味的青年公寓，还是想众筹太平洋中某个岛上一座度假酒店；无论他们是想众筹一所非药物治疗中医院还是众筹一个"高大上"的三甲医院；无论是他们想众筹一个关于创业的微电影还是众多明星想众筹一部献给18岁小影星的成人礼电影，他们都极大地拓展了众筹的边界、众筹的内涵、众筹的种类及众筹的方法。可以说，他们——中国中小企业家和个体创业者们，始终是解放众筹的主力，也是解放后的众筹再去解放的生产力。解放与被解放，永远是个头尾相接的循环，希望每往复一次，所能解放的视野更宽阔，能解放的深度更扎实，能引发的势能更强大。

最后，我想用众筹改善"死亡之海"的故事，来表达我对众筹最高境界——慈善的理解。这个真实的故事说的是我在北大汇丰 EDP 中心 PE 班的一位新疆同学张银杰，他生产的水果叫感恩果，他的企业位于南疆叶城县铁提乡拉依旦村，处于塔拉多玛干沙漠地带。塔拉多玛干沙漠被称为"死亡之海"，要治理好它，才能防止沙漠化和沙尘暴，才能有更好的生态大循环系统。他从十年前开始在沙漠里尝试围垦沙地种果树，因为没有足够的资金，他就和别人说："您给我 2000 元，我帮您在沙漠中种果树，然后给您 10 年的核桃和香梨。"城里人"聪明"，不相信有这么好的事，通常情况下就不当回事或说"那你先给干果我再给钱"。但还是有人认筹了。没想到过了不久，认筹者就收到了核桃、大枣和香梨。年复一年，当认筹者定时收到一捏就脆的薄皮核桃、一咬清甜的库尔勒香梨和红扑扑的新疆大枣时，他们坐不住了，相约要一起去一次南疆这个"沙漠死亡之海"，去看看张银杰这个小伙子，去看看他不知不觉千辛万苦中从沙漠中改造过来的万亩"以林"果园，主要还想看看他为每个人种的果树。现在，认筹者可以通过远程互联网观看他们名下的树林中散步的野天鹅。怎么确定哪棵树是谁的呢？每棵树的下面，张银杰都为沙漠治理众筹者立了一块写有名字的感恩牌。我问张银杰，一共有多少牌？他说快两千块了。我又问，一共有多少人交了钱，他不正面回答我的问题，反而说："我想再和政府要几平方公里的沙漠地，老师，您帮我设计一下股权众筹或经营权众筹升级模式，我想在大家众筹的帮助下，和大家一起做一家众筹的沙漠果园上市公司。"我属于那些还没出钱但已吃上果品的后众筹者之一，但还不晚，只要交了钱，不管是前众筹还是后众筹都是众筹。就如我的好友信托专家勾亦军所言：众筹者之间的关系本质上是一种信托关系。您信与不信，您的感恩名牌就立在"死亡之海"沙漠中那棵树下；您来还是不来，付还是没付，每年都会收到如约而至的感恩果。张银杰有两句很"雷人"但很适合众筹人的豪言壮语："没有荒凉的沙漠，只有荒凉的人生。"我和许多人一样，面对这个腼腆的小伙子，陷入沉思。即使这样，我们正式发行以林果园时也会派出一个调查团队，以真实可靠的信息披露来帮助他原始而可贵的信任众筹，帮他和我们真正实现大众众筹，实现我们共同的众筹美好社会的梦想，这也正是我们交易所众筹的核心理念和独特价值。

　　感谢所有本书众筹来的作者，不管您的稿子在不在最后的书稿中，或只有一句话上，您都在我心中，在我们众筹的共同世界中。感谢中国金融协会名誉会长胡石英，他是我们众筹创新事业的总顾问，他最早支持并肯定我们交易所众筹和第五种众筹模式创新，并勉励我们坚持众筹普惠金融的方向。感谢马云，把世界的眼光吸引到中国的互联网，给了中国互联网金融创业人实现梦想的榜样和合作超越梦想的机遇。感谢国务院发展研究中心金融所张承惠所长，国务院国有资产监督管理委员会研究中心李保国书记，中国证券业协会陈共炎会长，全国中小企业股份转让系统总裁谢庚，北京市金融局王红局长、霍学文书记、粟志纲副局长、柯永果副局长、湛龙处长，北京市石景山区委牛青山书记，北京市石景山区夏林茂区长，贵阳市委陈刚书记，贵阳市王玉祥副市长，人民大学法学院杨东副院长，中央财经大学金融法研究所黄震所长，北京京北金融信息服务有限公司罗明雄教授及一八九八咖啡馆杨勇董事长的专业指导和学术启发。感谢中国电子商务协会宋琳会长、陈震副会长，中缅友好协会会长耿志远，中国服装协会陈大鹏会长，中国老年产业基金会常金城会长，中唱集团赵大新书记，中国电影发行协会会长杨步亭在产业众筹上的支持，使我们有机会深入研究合作全产业链众筹创新。感谢北京大学海闻副校长、金融系主任何小峰以及汇丰商学院武爱荣老师、苏磊老师，人民网原总裁何家正，两岸金融研究院肖滟旻院长，北京金融资产交易所熊焱董事长，深圳联合产权交易所常进勇总裁，北京金融局张继冰处长，北京市石景山区金融办杨京春主任及同事，北京市石景山区工商联马丽萍主席，《中国企业报》社长吴昀国，中国银行新加坡分行王磊行长，CIFC中国互联网金融联盟主席王斌，新时代信托执行总裁勾亦军，著名品牌专家李光斗，南平商会兰春会长及赖金花主任，国士金融生态园董事长李健，重庆小天鹅投资控股（集团）有限公司总裁何永智，环娱投资管理有限公司董事长楼云及汇丰EDP晏文胜、陆国豪、王贵玉、戴幸敏、宋皖虎、郑昌幸、张大为等朋友，他们最早鼓励我牵头编这本书并支持我们进军众筹事业。感谢我们FDS特交所领筹金融集团薛亮、林杨、区朝斌、王树明、周薇、邓江膺、周修、于恒斌、王伟、杨成安、朱梦元、朱灵、唐传龙、梁泽林、沈千星、李清河、叶梓、周明、李梓正、于济福、陆川、杨塞新、李洁、肖朝扬、罗天宇、刘文勇等43位合伙人，他们都是出色的企业家或金融家，我们共同从中国民间金融的PE时代走向互联网金融的交易所众筹时代。感谢本书的法律顾问孙斌和黄东，他们同时是我们互联网金融研究的法律总顾问。感谢本书执行主编李利珍及张叶、曲鹏、陈江涛等组成的主创团队，我以你们为荣，没有你们尤其是利珍的努力和坚持是很难想象本书的如期问世。感谢出版社和翻译公司，使这本书不但成为中国众筹理论创新和实战技能集大成之作，也可能是第一本在西方世界全景式展现中国众筹崛起的预言之作。感谢刘源，你把被奥巴马总统称为"代表了人类想象力极限"的美国动漫之父斯坦·李介绍给我们，和数以万计的中国观众共同众筹创作拍摄一部中国的英雄大片，它也许是超越《钢铁侠》《蜘蛛侠》《绿巨人》《X战警》《美国队长》和《复仇者联盟》的东方英雄大片，将成为可以期待的众筹狂欢。感谢顾兆文主任、陈英董事长、李琳总裁、蒲鼎新董事长，你们带来的华尔街和伦敦金融市场的强烈投资合作意向，使我们迈向英美众筹市场合作及上市的步伐大大加快。感谢我们在各地的领筹人合作伙伴，在你们的领筹下，成千上万的读者在本书还只有一个大纲时就潮水般参与了本书的众筹创作全程，你们和读者兼创作者都是本书及众筹时代的领筹人，我期待和你们一起开创众筹时代的领筹传奇。

2014年12月18日，中国证券业协会网站公布了《私募股权众筹融资管理办法（试行）》（征求意见稿），就股权众筹监管的一系列问题进行了开创历史性的界定，并引发了巨大的积极反响，这天正好是我的生日。

我们深信，2015年是中国众筹的奠基之年，是中国众筹科学监管的落地之年，是全民众筹创业创新的发展之年，是中国众筹迈过百亿里程碑的腾飞之年。

最后，感谢给了我生命的父母，和给了我时间与空间的亲人，你们的付出和宽容，才有我在漫漫人生路上上下求索的创新之道。但愿金融创新，真的可以成就好的社会。众筹，普惠大众，融筹未来。

刘文献

2014年12月12日，北京石景山

众筹笔记

WE ARE YOUNG!

不得不说,本来并没有计划和参与写这样一本书,因为写书实在不怎么赚钱,却要耗费很多精力。

但最终和大家一起写了这样一本书,而在写书的过程中又参与了多个众筹项目,使我对众筹的认识又有了切身体会,这里面有痛苦也有快乐,是为"痛快"也。

本书第七章作者孙斌律师把众筹比作一个"阳光少年",我非常认同。所以,我们专门为这本书制作了一个微电影,名字便叫作《WE ARE YOUNG!》。众筹很年轻,充满了活力,它像一股新浪潮,扑面而来,仿佛准备好了改变旧世界的力量,让我们可以为之日夜不息的劳作。

从深夜到黎明,从清晨到黄昏,我们看到很多人站在这个舞台上向理想奔跑。我们看到无数希望的光芒,似乎无限接近,但却又好像从未真正接近。我们的经济活动一直走在改革的道路上,但桎梏也如影随形。几年前在一个论坛上,曾有人提出"普惠金融"和"金融民主化"。马云缔造了余额宝,让普惠金融迈出了伟大的第一步,但金融垄断格局从未被打破。

新一届政府正在锐意改革,让我们期待像腾讯一类真正带有互联网基因的公司进入传统金融内部，使得我们像期待余额宝改变理财环境一样，期待"微众"银行改变传统金融核心的内容。我相信，传统金融必然将被更民主、便捷、具备服务意识的互联网企业或思维改变。而众筹，也一定会在其中扮演重要角色。

众筹，就像酝酿在深海7000米下的岩浆，终会喷薄而出，重新塑造经济沃土。因为在接触众筹筹资人的过程中，我深切体会到那些在传统金融体系下艰难求生的企业家所面临的困境。他们多么想在暗夜中发出呐喊，在天际撕裂出广阔的光明，但事实上他们只能静默无声，没有任何声音。而众筹，也许就是暗夜中的一道窄门。

"众"，这个字眼儿如此令人迷恋，在中国人看来，跟"众"有关的事情，都势必谨小慎微，乃至势必垄断。古代有盐、铁、茶之类垄断，关系民生同时也蕴藏高额收益。现代，同民生和高收益相关的行业几乎都涉及垄断。本来应该众人一起做的事情，却只能由少数人做，必然就会做不好。

众筹最伟大和最危险的地方，就是"众"。三人乃成"众"，在中国传统思想中，"三"代表的是"万物"。众筹的本质，就是集合众人力量去做一件事情，是一种"众意"上的民主。企业家、创业者，可以选择站到众筹的平台上，用民意选择的方式决定资金的来源和使用。这才应该是事情本来该有的样子。

《解放众筹》这本书，力图站在解放者的视角给读者以启迪，感谢这本书的所有参与者，感谢所有为本书贡献智慧和劳作的人们！祝你们在众筹的路途上走得更加长远和快乐。

李利珍（Nothing Li）

第一章

众筹起源和在互联网金融时代的进化与爆炸

每一个开始,都需要一个漂亮的登场。当众筹 2009 年重新在美国焕发生机,当众筹 2014 年在中国表现得如此亢奋,当我们用解放者的眼光来追溯众筹的历史,我们将被波澜壮阔的过去和更加波澜壮阔的未来激励。

昨天,如此辉煌,明天势必更加精彩。

众筹在 1602 年

显然,英国人错过了这个重大机会。

尽管,在 1600 年,是英国人成立了全球第一个"东印度"公司,但真正用众筹方式缔造现代公司制度和现代金融制度的桂冠却要戴在荷兰人的脑袋上。

17 世纪,是一个波澜壮阔的大航海时代,由政府最高权力许可的商业公司,远渡重洋蜂拥至传说中的东方神秘大陆寻找诱人宝藏。

1602 年,这股夹杂着冒险、征服、探索和贪婪的浪潮快速扩展到荷兰,天性热爱贸易的荷兰人对英国模式立刻进行了拷贝和创新。他们将英国人"私募"组建公司的方式完全变成"众筹",由对特定人群的募资转向对社会大众募资,成立了世界上第一个股份有限公司。这是众筹对社会大众资本一次里程碑式的解放,从此贩夫走卒也有了参与公司投资的机会,使得今天我们倡导的"普惠金融"在四百多年前就得以实践。

话说,荷兰东印度公司刚成立的时候,十分贵族范儿的葡萄牙和西班牙根本就瞧不上,态度鄙夷地觉得这荷兰小弟有点太胡闹,居然找了 1000 多号阿姆斯特丹卖菜大妈、烤面包大叔之类做股东,简直就是"高大上"的反面典型!可是事实胜于雄辩,面向大众的股票众筹行为,为急需建造大船航行的荷兰东印度公司从普通百姓那里筹集到相当于现在300万欧元的资本，股东中，这些除了路人甲乙丙，还有荷兰政府（政府以权力作价25000荷兰盾入股）。

这家带有些许草根味道的公司于1602年3月20日正式成立，简称VOC，中文翻译为联合东印度公司，就像它的"东印度"系列公司全球兄弟一样，虽然是公司但它却掌握着可怕的现代公司不可想象的政府职能，不但可以开展远洋贸易，还可以自己组织军队，甚至发行货币，最为重要的，还进行海外殖民掠夺。我大明王朝著名爱国将领郑成功大人，当时在澎湖和台湾岛上赶走的荷兰人，实际就是这些公司制的殖民者。

这家公司成立五年之后，公司的规模就超过了葡萄牙和西班牙海上舰队的总和，成为风头强劲的后起之秀。到1669年时，荷兰东印度公司已是世界上最富有的私人公司，拥有超过150艘商船、40艘战舰、5万名员工与1万名佣兵，股息高达40%。

当然，在这些骄傲成绩背后，却是强盗式的掠夺和殖民，1619年该公司新一任野心勃勃的CEO科恩到达巴达维亚建立了公司新的总部，为了建立对丁香贸易的垄断，他将班达群岛上的原住居民杀死或赶走。科恩第二次成功的冒险是建立起了亚洲国家贸易体系，将其贸易足迹延展到日本、朝鲜、中国等国。1640年公司获得了斯里兰卡的加勒，赶走了葡萄牙人，从而打破了葡萄牙人对肉桂贸易的垄断，1658年公司围攻斯里兰卡首都科伦坡。到了1659年，葡萄牙人在印度的沿岸据点都被荷兰人夺走了。1652年公司在好望角建立据点，为公司来往东亚的船员进行补给，这块据点后来变成荷兰的开普殖民地。此外荷兰还在波斯、孟加拉、马六甲、暹罗（泰国）、中国大陆（广东）、福摩萨（中国台湾）、印度马拉巴海岸和科罗曼德海岸建立据点。历史的真相总是善恶参半，但就经济意义来说，这却是荷兰人取得的巨大进步和成功。在17世纪中叶，该公司全球分支机构有1.5万个，占据全球贸易总额的一半，可以说是"霸气十足"。

但最重要的一点是，大众参与的筹资行为缔造的荷兰东印度公司，也成为历史上第一家上市公司。伴随这家股份公司出现，荷兰成立了有史以来的第一家证券交易所——荷兰阿姆斯特丹证券交易所，交易唯一的一支股票，当然就是荷兰东印度公司的股票。所以说，荷兰人发明的众筹公司，缔造了现代化的公司制度，完全解放了民间资本，使得普通民众分散的小额财富得以资本化，虽不幸成为帝国扩张的工具，但在客观上的确顺手搭建了现代金融生态体系。

同时，伴随远洋贸易需要，抵押出现了，保险出现了，期货出现了，在现代金融历史上扮演核心的银行和证券交易市场出现了。当时狡猾的荷兰东印度公司依靠交易所而好多年得以避免给股东分红，因为小股东们可以方便地通过交易所将不断涨价的股票兑换为现金，并发明出最早的股市操纵技术，如"卖空（卖出自己并不拥有的股票，当股价大跌时再购回）""卖空袭击（通过内部勾结合谋做空股票，因其市场恐慌抛售后再低价购回卖空股票获利）""对敲（合谋互相买卖股票以操纵股价）""囤积股票（囤积或买断某股票，逼迫其他买家不得不高价购入以获利）"，等等。

更为有趣的是，正是这种众筹建立起来的公司，远洋冒险走错路跑到了当时还是一片荒芜的曼哈顿地区，用价值24美元的商品从印第安土著手中换回这片大荒地，并命名为"新阿姆斯特丹"，而今天的我们则叫它"纽约"，也是全球金融之都。面向大众筹资的公司基因在那时落地生根，为今天掌握全世界金融秘密的华尔街走向巅峰奠定了基础。

如果没有1602年的众筹，就没有现代公司制；没有现代公司制就没有现代金融；没有现代金融，美国在政治上就无法赢得南北战争的胜利，经济上就不能建立贯穿南北的贸易体系，也就没有今天的美国。

在一些历史学家或经济学家中流传着一种说法，说中国到大清末期，虽然国力衰微，祖宗基业一片狼藉，但国民生产总值一直让列强不敢小视。列一下数据：1870年，中国GDP占世界17.3%，而日本、英国、美国的比重分别仅为2.3%、9.1%、0.9%。到了1900年，中国的比重为11.0%，落后于美国的15.8%，但依然领先于日本的2.6%和英国的9.0%。从占世界制造业产量的相对份额来看，1860年中国与英国相当，分别占19.7%、19.9%，远高于美国（7.2%）和日本（2.6%），1880年，英国制造业将中国甩在后面，但中美的差距却并不明显。直到1900年，中国（6.2%）才落后于美国（23.6%）、英国（18.5%），但依然高于日本（2.4%）。从GDP数据看，清末中国绝对是世界上的强国之一，虽然不能跟英国相比，但即使到了1900年，中国的经济实力也依然高居日本之上，是世界至少是亚洲强国之一。然而，也是这一年，八国联军横扫北京城，毁掉圆明园，顺手也抢走了几个铜制水龙头，使得成龙先生在一个世纪后能有题材拍大片《十二生肖》。

那么是什么使列强击败了"大清帝国"呢？其实是现代金融制度。

如果说因为没有众筹导致中国百年耻辱，这有点过分，但由于严重缺乏现代金融制度，加之腐败和体制落后，"大清帝国"走下了大国强国的神坛，从此一蹶不振。

经过四百年沧海桑田，众筹在当代又以全新的面貌和方式火爆起来，2014年被定义为中国众筹元年，但是，中国人是否会错过这次众筹和现代金融、贸易碰撞的机会呢？

应该说，结果尚未可知。

中国人的众筹之路如此低调。清科2014年上半年数据显示，发生在中国境内的众筹额度仅有1.8亿元人民币，而它的"兄弟"P2P却已经

"烧"到每月交易额过百亿。是什么在限制中国众筹？我们如何解放众筹？众筹又能解放什么？这是属于我们共同的命题。

大洋彼岸的解放号角：《JOBS法案》

一个伟大行业的崛起，背后总有一部伟大的法案。

这次，也许我们应该把敬仰的目光投向美国。

2012年4月5日，美国总统奥巴马签订"Jumpstart Our Business Startups Act"法案，即《创业企业融资法案》，简称《JOBS法案》。旨在通过放松金融监管要求鼓励新兴成长型企业融资，以实现加快经济复苏、创造更多就业机会的目标。

这项法案的签署被世界各国用"震惊"二字来形容。

《JOBS法案》共有7个部分，其中第三部分将"众筹"（Crowdfunding）这种具有显著互联网时代特征的新型网络融资模式正式纳入合法范畴，对以众筹形势开展的网络融资活动，包括豁免权利、投资者身份、融资准入规则、与国内相应法律的关系等方面做出了具体的规定。

可以说，这一法案的出台一扫美国股权众筹环境不佳、一度遭受他人嘲笑的尴尬处境。后来者总是居上，像麦肯锡这样的全球顶级机构也乐观发声，认为该法案的出台将促使美国出现下一个苹果、谷歌、Facebook……这样以理念和技术领先的超级明星公司。而有些传统创投人士也大声疾呼，他们认为投资界的面貌将因此焕然一新，未来人们将依托众筹这一平台彻底颠覆企业传统的融资模式。

为何《JOBS法案》令人如此惊诧呢？这要从美国证券立法说起。

美国证券市场（股权众筹也应归入此列）的发展最早可追溯到1792年著名的"梧桐树下协议"。到1817年纽约证券交易所成立，以华尔街为代表的金融人士们掌握了各种证券交易"坑蒙拐骗"的秘密，虽然华尔街造就了无数美国奇迹，也直接导致了1929年美国经济崩溃。1932年美国著名总统罗斯福上台，在就职演说中他便表明了整顿华尔街欺诈行为、规范证券市场的铁腕政策。1933年，《证券法》递交至美国国会，该法的另一个名字是"真实证券法"，望文生义，该法案主要用于禁止证券买卖中的不法活动，规定发行证券的企业必须向社会公众公布其财务状况、经营成果和资金变动情况。该法的主要目的是，通过强制性要求证券发行人对其自身及所发行的证券进行充分、完整的披露，以保障证券发行的真实性和可靠性。

1934年，美国证券法律双壁之一的《证券交易法》随后诞生，它是《证券法》（1933年）的补充法规，主要是对证券交易和场外证券交易做出若干具体规定，其基本目的在于强化证券流通市场的安全性，增强社会公众和投资者信心，防止证券交易中的欺诈行为和市场操纵行为。

至此，美国证券市场在"裸奔"了一个多世纪以后，终于确定了行业内最至高无上的两部法律。大名鼎鼎的SEC，即美国证券交易委员会（United States Securities and Exchange Commission，简写SEC）就是根据《证券交易法》（1934年）成立的，也是直属美国联邦政府的独立准司法机构，负责美国的证券监督和管理工作，是美国证券行业的最高机构。该机构首任主席是罗斯福总统的老朋友约瑟夫·肯尼迪，也就是后来的美国总统约翰·肯尼迪的父亲。从此，华尔街和华盛顿的博弈进入一个法律约束的新时代。

由此可见《证券法》（1933年）和《证券交易法》（1934年）的

历史意义和地位之高，足以令全球金融界敬仰，它们引领了整个金融世界的证券立法。而《JOBS法案》令人震惊之处就在于，将一些创业公司的融资行为从以上两大法案中解放了出来。这绝对可以看作是历史性的变革。

《JOBS法案》最大的亮点集中在两处：

其一，根据该法案，企业可以不必向SEC注册，可以公开进行股权融资。

"公开"二字，简直像蜜糖一样甜美可爱！《JOBS法案》首先解除了创业企业不得以"一般劝诱或广告"方式非公开发行股票的限制，规定证券发行机构（包括所有由证券发行机构直接控制或共同控制的实体）可以通过公众集资进行证券发行或销售。

其二，《JOBS法案》给股权众筹平台以"集资门户"的合法地位。

创业企业发行或出售证券应通过经纪公司或"集资门户"进行，今天的众筹网站就是"集资门户"的一个具体形态，由此获得相应的法律地位。

众筹模式突破了以往由投行等机构主导的公开发行模式，降低了初创公司和普通公众参与股权投资的门槛，它的角色与传统证券交易商存在明显差异，介于私募发行中介与公开发行中介之间。《JOBS法案》明确免除了众筹平台登记成为证券经纪商或证券交易商的义务。

《JOBS法案》为中小企业股权融资的完全市场化在法律上确定了地位，这个成果来之不易。SEC大概耗费了18个月的时间来权衡利弊和颁布修正细则，时至今日，该法案中的敏感部分也还在完善当中。事实上，《JOBS法案》自签发之日起就伴随着激烈争议，围绕安全和市场效率两方的博弈从未停止过。当SEC在字斟句酌时，媒体常常以"保护华尔街利益"这样的标题予以讽刺。然而，金融证券市场从来都是机会与风险并

存,因此《JOBS法案》在解放的另一面则是规范,这也主要集中在两个方面:

其一,对企业融资额度的限制。

其二,对合格投资人的规定。

1. 证券发行机构销售给所有投资人的证券总金额应不超过100万美元(包括交易发生前12个月内以及与豁免权相关联的所有交易金额)。

2. 证券发行机构销售给任何单个投资人的证券总金额(包括交易发生前12个月内以及与豁免权相关联的所有交易金额)应不超过:

(1) 2000美元或该投资人5%的年收入或净资产(以较大者为准),如果投资人年收入和净资产均不超过10万美元;

(2) 该投资人10%的年收入或净资产(最多不超过10万美元),如果投资人年收入和净资产达到或超过10万美元。

除此以外,《JOBS法案》对众筹平台的资格认证也有明确规定,如接受SEC监管,在证券交易协会FINRA(美国金融业监管局)登记。对众筹业务,则划出了几条业务边界,比如,禁止众筹平台为投资人提供意见或建议,禁止劝诱购买,不允许平台经营传统券商所谓的"自营"业务,不得持有自家平台上的证券,不得参与自家平台上的项目(企业)投资,避免私相授受的嫌疑,等等。

越详尽的监管措施,就越会促进市场的公平正义,促进众筹的大市场化发展。然而事情真的如此吗?某些资料显示,美国企业众筹融资成本并不如外界所见一般乐观。以下是一份企业成本清单:

1. 准备向SEC提交的"Form C"报税单,估计每个项目的填写和提交至少需要花费6000美元;

2. 对初创企业管理成员和某些股东的犯罪记录和监管记录进行检查,费用从每个项目几百美元到几千美元不等;

3. 每个项目的注册会计师审阅大致在 1000 美元，审计费基本上在 5000 美元以上；

4. 付给众筹平台、证券经纪商或者其他任何证券发行辅助机构或中间人的费用可能会高达筹资额的 15%～20%。

然而，SEC 时任主席玛丽·夏皮罗在 2013 年年初写给国会的信中明确提到："使各种类型的公司，无论大小，能够以低成本的方式获得资本对于我们国家的经济发展至关重要。……但与此同时，我们必须在撮合资本与保护消费者、维护市场稳定的责任之间取得平衡。……如果市场不能让投资者相信他们会受到足够和适当的保护，那么投资者就会对资本市场失去信心，资本交易最终将会变得更加困难，成本也会更高。"

到底有没有一种方式可以兼顾安全和效率呢？《JOBS 法案》是否能催生下一家"苹果"？是否可以在中国催生下一家"苹果"？考验中国监管者智慧的时刻到了！

这就是一个解放众筹的时代

上帝在神的阶层创造了旧世界，人类则在互联网的阶层创造出新世界。相信，进化终会在某一天达成《生活大爆炸》中物理学家谢耳朵的愿望：人进化为机器，叫人工智能也好，叫机器人也好，哪怕叫哆啦A梦也无所谓。总之，我们已经生活在了互联网的新世界。

正是基于互联网的发达（尤其是近年来社交工具的快速发展），众筹迎来了它真正解放的时代。工具，再次让人类社会有了质的飞跃。虚拟的网络将人们组织起来，创造了没有"出身、种族、性别、年龄和资历"的世界。众筹从未像今天这般靠近民众，从未像今天这般可以轻易地被传播和实施。

互联网天生带有众筹的基因。其开源精神，实际就是一种众筹精神。互联网的弄潮儿们是自由、平等、开放价值观的深度追随者。他们创造了基于免费的商业模式。

伊隆·马斯克——互联网时代最牛的人之一，全球瞩目的电动汽车特斯拉的首席执行官，在2014年6月份对外宣布了一个令全球为之震惊的消息。特斯拉宣称，本着"开放源代码运动的精神"，该公司已决定允许其他公司使用其专利，以推动电动车产业的发展。而就在此时，苹果、三星的专利战争还在全球打得火热。

马斯克同学承诺，特斯拉电动车和电池的知识产权将免费提供给"善意"使用它们的任何人，这种做法也让特斯拉在汽车制造商中显得有点儿异类。不过汽车制造商加快采用电动车技术，将有助于特斯拉电动车在市场中的普及，而不像现在这样仅以奢侈品的形象面对着一个小众市场。

美国专利与商标局官方网站提供的信息显示，特斯拉目前拥有超过160余项美国专利，包括保护电池组的系统、过量充电以及电动马达中改进的转子结构等。马斯克的免费策略完全颠覆了传统汽车行业的做法，正如密歇根大学罗斯商学院教授埃里克·戈登所说："汽车制造商传统上一直是把自己的专利技术封藏在地下室，然后又剽窃其他公司的专利。"同时戈登认为，其他汽车制造厂商迄今为止一直把特斯拉视为外来者，马斯克的计划事实上能够被他们接受。

国内知名商业评论节目《冬吴相对论》就曾为此发出过惊呼：中国刚开始学会注重知识产权，人家却开始免费了。在互联网的逻辑里，免费和开源是其重要的"撒手锏"。聪明如马斯克为何要放弃赚钱机会，唯一的答案是，这样可以帮助他赚更多的钱。

那么，说说基于这种理论的互联网众筹。大家都知道在操作系统的世界里有个大佬叫 Windows，造就了全球首富比尔·盖茨。而另外一个同受瞩目的明星叫 Linux，它是由林纳斯·托瓦兹创造的，这位同学的天才之处就在于将这款操作软件的开发源代码免费公布出来，吸引无数技术爱好者加入到他的开发团队，大大推动了 Linux 本身的发展。

林纳斯·托瓦兹把这款操作系统免费提供给了任何人。这不仅推动了 Linux 的发展，还在谷歌开发 Android 操作系统中扮演了一定的角色。谷歌随后把 Android 免费提供给所有的硬件制造厂商，通过移动广告来获取收入。如今，Android 已成为全球最流行的移动操作系统。

虽然，苹果目前依然是广大粉丝追逐的"神之作品"，但 Android 凭借其众筹优势在装机量上远远打败了 IOS。

2014 年被誉为众筹元年，众筹凭借无往不利的社交工具取得了史无前例的成功。最典型的例子莫过于冰桶挑战赛，其成功之处就是借助 Facebook、微博之类"秀"工具点名。该活动传到中国后，媒体人张泉灵点名"国家卫计委"接受挑战，20 分钟后该部门勇敢应战，此一行动曾成为传播界的一道亮丽风景线。

也许在某一天，众筹不但解放了经济、爱心、社交，等等，还可以解放我们整个国家不同阶层之间的对话方式。

这，也许是互联网的馈赠；也许，是我们自己给予自己的馈赠。

互联网金融的黎明已经破晓，在路上的我们，勇敢地"且行且珍惜"吧！

第二章

从历史的深处看众筹

众筹是经济学、金融学和管理学发展到高级阶段的综合产物,回望几百年来现代经济学、金融学和管理学走过的发展道路,更有助于我们从历史的高度理解众筹对解放现代经济带来的重大意义。

众筹吹响了"新自由主义"反对政府干预的新号角

——从经济学发展历史看众筹

众筹的解放，究其根源是来自于人的解放。而提起人的解放，就不得不从几百年前的欧洲文艺复兴与启蒙运动谈起。

现代欧洲是发达、文明、富裕的代名词，可几百年前的欧洲，则完全是一个"人间地狱"。公元476年，蛮族的入侵和定居引起了西罗马帝国的崩溃，以古希腊和古罗马为代表的欧洲古典文明几乎完全被毁灭，欧洲大陆从此进入长达千年的"黑暗中世纪"时期。

在"黑暗中世纪"时期，基督教主宰了一切，基督教认为，人生而有罪（"原罪"），人来到世上是要赎罪、等待末日审判的，至于什么情感、智慧、自由、尊严……统统靠边站。在同时期的大明王朝，跟皇上唱反调是会被当众脱掉裤子打板子的。而在欧洲，与教皇观点不一致，甚至会被"点天灯"，意大利科学家布鲁诺就是因为力挺哥白尼的"日心说"而被宗教裁判所判为"异端"烧死在罗马鲜花广场。这种暗无天日的中世纪，与灿烂的现代文明自然是格格不入的。

谈起欧洲的近代化，在很大程度上还得益于一本奇书。1298年，马可·波罗在狱中创作了《马可·波罗游记》，书中以大量的篇章、热情洋溢的语言，描述了中国无穷无尽的财富、巨大的商业城市、极好的交通设施以及华丽的宫殿建筑。《马可·波罗游记》引来了大量"粉丝"，其中就包括意大利的哥伦布、葡萄牙的达·伽马等众多的航海家。可以说，马可·波罗和他的《马可·波罗游记》给中世纪的欧洲带来了新的曙光，带领欧洲迈进了大航海的新时代。

随着视野的开阔，人们的思想也变得开放起来。他们渐渐知道了地球是圆的，人是猿猴变的；他们也逐渐认识到，人是生而自由平等的，天主教原有的禁欲主义那套说教已不能再"忽悠"大家了。在新型商品经济中成长起来的新生代要求变革，追求新生活，那些饱含着对人类现实生活强烈关怀的古希腊、古罗马文化深深吸引着这些新兴的资产阶级，他们乐于从古典文化的思想宝库中寻找自我解放的旗帜。于是，一场以复兴古典文化为形式，意在鼓吹资产阶级新文化的文艺复兴运动轰轰烈烈地开始了。

文艺复兴是人类历史上第一次思想解放，是对人文精神的回归和对人性的解放。文艺复兴时期人文主义的表现形式是从肯定人的欲望和歌颂自然的人性开始的。意大利文艺复兴初期出现的"三杰"——但丁、彼特拉克、薄伽丘都用自己的文学作品谱写、奏响了人性的赞歌。英国伟大的戏剧作家莎士比亚是文艺复兴高潮时期的杰出代表人物，莎翁的作品以优雅流畅的语言、丰富细腻的情感、隽永深刻的哲理刻画了复杂的人类内心世界，歌颂了人间的仁爱和友谊，提升了人性的高尚与尊严。

欧洲文艺复兴运动开展得如火如荼之际，中国正处于著名历史学家黄仁宇先生在其成名作《万历十五年》中所记述的那个时代，正是从那时起，东西方文明开始走向了截然不同的两条发展道路：欧洲大踏步迈向自由民主与市场开放，古老的天朝上国却在封建专制与闭关锁国的泥沼中越陷越深……

启蒙运动是人类历史上第二次思想解放，它起源于西方民族对思想自由的新要求，是文艺复兴思想解放运动进一步发展的结果。如果说文艺复兴是对神权的挑战，那么，启蒙运动就是对封建君主的挑战和对专制制度的宣战。在启蒙思想的指引下，欧洲出现了轰轰烈烈的资产阶级革命，推翻了封建专制统治，建立了欧洲近代国家，甚至催生了美国这个新兴国家。

就在大西洋东岸掀起轰轰烈烈的启蒙运动浪潮时，在太平洋西岸，顺治爷的子孙还在大兴"文字狱"。这边厢，文人雅士随便吟一句"清风不识字，何必乱翻书"都会被皇帝砍了脑袋；而那边厢，查理一世、路易十六这些专制暴君却被人民砍了脑袋。唉，这同是生活在地球上的人，境遇咋就相差这么大呢?！

启蒙运动最重大的价值和意义不仅在于它给欧洲带来政治、经济与科学技术的巨大进步，更在于它是对人性本身的一种彻底解放。正是由于启蒙运动对人身体和思想的双重解放，人们在经济生活中才得到了全面解放。

1776年，无论是对经济学史来说还是对人类革命史来说，都是具有里程碑意义的重要一年。3月9日，亚当·斯密出版了他的经济学巨著《国富论》，从而让经济学正式成为一门社会学科，也因此成就了他经济学开山鼻祖的地位。

亚当·斯密最伟大的贡献在于他是从弄清市场经济是如何运行的这个复杂问题入手的，并获得重大发现，即自行调节的自然秩序（也叫自由市场机制），也就是著名的"看不见的手"。

《国富论》全名为《国民财富的性质和原因的研究》，此书出版的1776年，也是美国《独立宣言》发表的那一年。亚当·斯密是在封建欧洲解体之末、近代世界开始之时写作本书的，此时在这个世界中，封建制度仍以既得利益集团经常表现的顽固性在坚持，他正是为反对这种利益集团而写。从这个意义上看，亚当·斯密的《国富论》，更像是一篇经济学上的《独立宣言》。

200年前的启蒙运动奠定了现代社会的基础，它的核心是"人的解放"。作为启蒙运动的杰出代表，亚当·斯密将经济自由视作解放人类的一个重要手段，他强调商业社会的游戏规则，以此对抗封建统治的等级观念，自由市场的前提，即是每位公民的地位平等。因此也可以说，亚当·斯密首先是一位关注"人的解放"的启蒙思想家，其次才是一位伟大的市场预言者。

在其后的100多年里，正是在亚当·斯密所说的这只"看不见的手"的力量下，世界经济取得了突飞猛进的发展，西方主要国家完成了工业化，亚当·斯密的经济自由主义理论从此被奉为圭臬，直到1929年那个恐怖时刻的到来。

1929年10月24日的那个"黑色星期四"，在经历10年的大牛市后，美国金融市场崩溃了，股票市场一夜之间从巅峰跌入深渊，道琼斯工业指数从363点跌至1932年7月的40.56点，缩水高达89%，美国的失业率从3%升至25%，一场史无前例的全球性经济危机拉开了大幕，此后以美国为代表的全球经济进入了长达10年的大萧条时期。

大萧条重创了世界经济，也动摇了人们对经济自由主义的信念，于是各种形式的国家干预政策和理念应运而生。在国家干预政策方面，最有代表性和影响力的是德国的国家社会主义（即臭名昭著的"纳粹"）以及美国的"罗斯福新政"。

1933年1月30日，希特勒通过"后门"交易登上了德国总理的宝座，从那时起，魏玛共和国正式灭亡，整个德国被绑到了希特勒的战车上。同样是在1933年，在大洋彼岸的美国，3月4日在早春的寒风中，罗斯福总统发表了20分钟的讲演："我相信，唯一让我们恐惧的就是恐惧本身……这个国家现在需要行动，现在就开始的行动。"一场被称为"罗斯福新政"的救赎开始了。

德国实行国家社会主义的结果，没有给德国带来安定与繁荣，反而给世界带来了战争与灾难。而更具讽刺意味的是，真正帮助美国经济走上复苏之路的，恰恰是希特勒发动这场世界大战所带来的战争需求，而不是政府干预主义者所推崇的"罗斯福新政"。

在经济学理论领域，凯恩斯以革命者的姿态粉墨登场，他要革的自然是以亚当·斯密为代表的古典经济学理论的命。在凯恩斯的理论体系中，当社会总需求不足时，市场自身是无法调节的，这时，只有政府出面干预，才能弥补社会总需求的不足，使经济重新恢复增长。一时间，凯恩斯似乎已经找到了医治市场失灵的灵丹妙药，那就是政府干预。在世界经济萧条的20世纪30年代，主张国家干预的"凯恩斯主义"逐渐取代了亚当·斯密的经济自由主义而占据了经济学的统治地位，那些曾经信奉经济自由主义的亚当·斯密的忠实弟子，纷纷转投凯恩斯的门下，摇身一变成了主张国家干预的"凯恩斯主义"虔诚信徒。当年的"解放者"亚当·斯密，一下子被"造反派"凯恩斯"抢班夺权"了。

在"凯恩斯主义"盛行的年代，经济自由主义者日渐式微，但他们仍未放弃对经济自由的坚持，其中最具代表性的是哈耶克。这位奥地利人的后裔，在国家干预主义大行其道的日子里，就像一位堂吉诃德式的孤独骑士，举着自由主义的长矛，只身对抗"凯恩斯主义"这架巨大的风车。

哈耶克相信市场经济本身有一种自行趋于稳定的机能，反对国家对于经济生活的干预。他坚决反对政府包揽一切经济活动的计划经济体制，他将对计划经济的深刻剖析，浓缩在其不朽名著《通往奴役之路》中，并预言了高度集权的计划经济体制必然走向奴役与失败的历史宿命。

"实践是检验真理的唯一标准"，"凯恩斯主义"的国家干预理论终究经不起实践的检验，世界经济在战后的20世纪50年代度过了一段短暂的幸福时光后，到了20世纪60年代就已疲态尽显了，而一进入20世纪70年代，世界经济便一头扎进大滞胀的泥沼而无法自拔。经济运行的实践证明，凯恩斯所谓医治市场失灵的"灵丹妙药"，本质上不过是一粒治标不治本且有着巨大副作用的"伟哥"，想仅仅依靠国家干预让世界经济保持繁荣只能是一个永远无法实现的梦。

在"凯恩斯主义"走入死胡同的同时，经济自由主义者又重新继承了亚当·斯密的衣钵，并进一步发展了自由主义的思想与理论。新一代经济学大师弗里德曼高举"新自由主义"的大旗，以"货币主义"为武器，将被"凯恩斯主义"绑架了几十年的世界经济重新解放出来。

弗里德曼做好了"新自由主义"的曲谱，而在世界政治经济的舞台上，新自由主义的宏大交响乐，则是由美国总统罗纳德·里根、英国首相撒切尔夫人和中国的领导人邓小平三位高超的艺术家联合演奏的。

被"新自由主义"解放出来的世界经济，显示出了巨大的生命力，美国硅谷成了新一轮经济周期中世界经济发展的领头羊，IT革命引领美国步入一个以高增长、低通胀为特征的梦幻般的"新经济时代"，使人类文明成功实现了由工业时代向信息时代的跨越。

新千年到来后，随着美国经济的萎靡不振，美联储的掌门人格林斯潘借尸还魂，重新举起"凯恩斯主义"的大旗，大开印钞机刺激经济。其继任者，那个绰号为"直升机本"的家伙，更是打开了零利率和量化宽松的潘多拉魔盒，一时间，大量廉价美元被注入世界经济本已羸弱的机体，这非但没能使经济复苏，反而造成了世界经济的浮肿与虚胖，各种五光十色的资产泡沫充斥在世界经济体中，整个世界经济早已被以美联储为核心的各国货币当局的超宽松货币政策绑架了。当世界经济在大量廉价货币的海洋中迷茫与沉沦时，时代迫切呼唤新自由主义的归来，世界经济期待着新的解放者……

新的解放者是谁？恐怕我们现在还无法给出准确答案。直到我们欣喜地看到，2013年，众筹模式闪亮登场；2014年，众筹模式席卷全球。而众筹就是经济自由主义思想指导下的产物，它集消费、投资、体验、社交等众多功能于一身，将人们的生产、消费、投资等行为从诸多的政府管制与行政干预中解放出来，是新自由主义的一次重要实践，它将使人们重新思考自由与管制的关系，厘清政府与市场的界限。

现在我们还不敢断言，众筹模式是否能颠覆传统的金融体制，乃至对世界政治经济格局产生重要的影响，但它至少是一次勇敢挑战和大胆尝试。

200多年前，当人们在哈得孙河边第一次看到蒸汽机轮船那庞大笨拙的躯体，并将之讥笑为"富尔顿的蠢货"时，谁又能想到，蒸汽机对后来人类历史发展所产生的巨大颠覆性力量！

100多年前，当人们对闪电畏之如虎时，谁又能想到，电力会成为经济发展和人民生活不可或缺的生产资料和生活资料，渗透到了人们生产生活的每个角落！

现如今，当很多人还在对众筹模式表示犹豫和怀疑时，多年以后谁又能想到，可能我们今天正在亲身开创一段历史，缔造一个传奇呢？！

经营权众筹开辟了一片企业融资和个人投资的新蓝海

——从金融业发展历史看众筹

"话说天下大势,分久必合,合久必分。"金融业也不例外。

说起金融业的分分合合,这里面的跌宕起伏、曲折婉转、明枪暗箭、龙争虎斗,比起小说《三国演义》来,不知还要热闹和精彩多少倍!

提到金融业的发展历程,我们仍然绕不开发生在15世纪末的地理大发现。在地理大发现之前,由于交通工具和生产技术的限制,人类的活动范围只有周边的一亩三分地,商业贸易活动还处于十分初级的水平,因而也就没有什么金融需求。而发生在15世纪末的地理大发现和18世纪的工业革命大大缩短了人们之间原有的时空距离,跨国贸易、债权债务清算以及资本转移等活动不仅演绎出了初始形态的金融现象,而且从一开始就包涵着有关国际金融纷争与协调的跌宕起伏。

新航线的开拓者,主要是西班牙人和葡萄牙人,但现代金融业者开创的桂冠却戴在了荷兰人的头顶上。荷兰的面积仅相当于两个半北京,直到今天,荷兰仍然有1/3的土地位于海平面以下。就是这样一个蛮荒之地,在400多年前,也就是17世纪的时候,却是整个世界的经济中心和最富庶的地区。一个人口仅有150万的国家,将自己的势力范围几乎延伸到地球的每一个角落,被马克思称为当时的"海上第一强国"。

大海总是在最平静的地方掀起波涛，历史像大海一样，总是在最意想不到的地方创造奇迹。荷兰人创造奇迹的故事，是从银白色的鲱鱼开始的。借助鲱鱼，荷兰人开始了他们的商旅生涯，由捕鱼的传统产生了海上贸易的传统。15世纪末的地理大发现给欧洲各国带来了前所未有的商业繁荣，也为荷兰提供了成就商业帝国的历史机遇。在利润丰厚的海上贸易中，荷兰商人为应对英格兰商人强有力的挑战，他们设计了一种造价更加低廉的船只。在距今500多年前的16世纪末，荷兰人几乎垄断了欧洲的海运贸易，在很大程度上，荷兰人就靠着这种船赢得了享誉世界的"海上马车夫"称号。

1602年，在共和国大会议长奥登巴恩威尔的主导下，荷兰联合东印度公司成立。荷兰联合东印度公司是第一个联合的股份公司，为了融资他们发行了股票（不过不是现代意义上的股票），人们来到公司的办公室在账本上记下自己借出的钱，公司承诺给这些钱分红，这就是荷兰联合东印度公司筹集资金的方法。他们筹集了650万的资金，用这些钱建立了公司，通过向全社会融资的方式，将社会分散的财富变成对外扩张的资本。

在成立后的10年内，东印度公司并没有分发股利，因为投资者在此期间主要集中资金造船、造房子、在亚洲建立贸易王国，在做完这些之后的10年后，东印度公司才第一次给股东派发利息。连续10年都不给股东们发红利，这样的经营方式为什么能够得到股东们的认可呢？这是因为荷兰人同时还创造了一种新的资本流通体制。

1609年，世界历史上第一个股票交易所诞生在阿姆斯特丹，只要愿意，东印度公司的股东们可以随时将自己手中的股票变成现金。这里曾经成为整个欧洲最活跃的股票交易所，当大量金银流入荷兰时，荷兰的经济血脉开始变得拥堵起来，为了解决这个问题，荷兰人的探索直接进入了现代经济的核心领域——建立银行。阿姆斯特丹银行成立于1609年，比英国银行早100多年,这是一个城市银行、存款银行、兑换银行,它吸收存款、发放贷款,任何数量的金额都要经过银行,因此阿姆斯特丹银行对于荷兰的经济稳定起到了至关重要的作用。

历史学家们一致认为,荷兰市民是现代商品经济制度的创造者,他们将银行、证券交易所、信用以及有限责任公司有机统一成了一个相互贯通的金融和商业体系,并由此带来了爆炸式的财富增长。

到17世纪中叶,荷兰联省共和国的全球商业霸权已经牢固地建立起来,此时的荷兰东印度公司已经有15000个分支机构,贸易额占全世界总贸易额的一半,悬挂着荷兰三色旗的10000多艘商船游弋在世界的五大洋之上。凭借一系列现代金融和商业制度的创立,17世纪成为荷兰的世纪。

荷兰人虽然没读过《三国演义》,但他们却深谙金融的分合之道。荷兰联合东印度公司的成立,即是合众人之财,聚众人之力,也就是最原始的股权众筹。搞金融,不仅要懂得"合",更要学会"分",于是荷兰人发明了股票,将一个公司的所有权分成数量众多的均等份额,投资人按股份多少拥有相应的话语权和分红权,即同股同权同利;股票还可以在股票交易所转让交易,增强了流动性。而银行的诞生,更是金融分合之道运用的集大成者:吸收存款,即是"合";发放贷款,又是"分",就是在这样的分分合合中金融的血脉畅通了,个人的投资需求、企业的发展需求都得到了极大的解放,经济由此获得了突飞猛进的发展。

不过围绕银行、证券和保险是分开经营,还是混业经营的问题,各国政策曾多次调整,合了又分,分了又合,经历了一段分分合合的过程。

早期的银行如同百货商场一样,信贷、证券、保险等各种金融产品都可以经营。在美国"吼叫的20世纪20年代",股票市场迎来了令人难以置信的繁荣,银行则介入得更深。然而,随之而来的一场大崩溃结束了一切,1930年12月11日,实力雄厚的美国银行破产了,由此引发了一场令人眩晕的狂潮，仅1932年一年之内，就有1400多家银行关门。痛定思痛，罗斯福总统开始实行"新政"，并于1933年签署了著名的《格拉斯—斯蒂格尔法案》。该法案规定商业银行只能经营短期信贷，对于中长期信贷、证券、保险、居民储蓄等金融业务，必须严格分开，由专门的机构来经营。这便是分业经营的滥觞。

分业经营使原来的"百货商场"变成了"专卖店"，但随着金融业的竞争日益激烈，客户需要金融机构提供全方位、一条龙的服务，站在这个角度看，"百货商场"无疑比"专卖店"更有吸引力，这最终促成了美国《金融现代化法案》的出台。1999年7月1日，美国众议院以343∶86票通过《金融现代化法案》，放宽了对银行、证券和保险机构的行业限制，允许它们交叉经营，从而结束了美国近70年分业经营的历史。

关于金融业应该分业还是混业经营的争论，已经持续了几十年，至今仍未尘埃落定。混业经营提高了银行业的杠杆，增加了其经营风险，《格拉斯—斯蒂格尔法案》就是以此为出发点而诞生的。但分业经营同样增加了社会成本和消费的不便，给金融业人为地加了一道枷锁，而美国《金融现代化法案》的出台，就是要把金融业从《格拉斯—斯蒂格尔法案》的枷锁中解放出来。摆脱了分业经营制约的华尔街，在宽松政策的激励下，在金融创新方面立即大展神通，各种五光十色的泡沫贴着金融衍生品的标签纷纷在华尔街的流水线上新鲜出炉，终于酿出了2008年全球金融危机的苦酒。

从经济学的角度讲，金融业是具有极强外部性的特殊行业，完全放任自流将导致系统性风险的爆发，从而严重损害整个经济体系。但过度监管又会扼杀其积极性与创新性，因而如何把握金融业的监管尺度，是一个世界范围内的重大课题。分业经营还是混业经营，就好像一辆自行车的左右两边，过分向某一方向倾斜，骑车的人都会栽跟头，只有保持一个动态的平衡，才能平稳向前。

现代金融的一个重要特征就是金融创新迭出，而任何一项金融创新，都离不开金融的分合之道。就拿近些年来在国内应用最广泛的住房按揭贷款来说，这项起源于西方国家的金融创新，在1998年我国实行住房市场化后得到了迅猛发展，圆了无数普通人的住房梦。

"勤俭持家"、"量入为出"一直是中国几千年来的传统消费观念，而借钱消费、"寅吃卯粮"会被当成"败家子"的典型而为人所不齿，在住房按揭贷款刚在国内推广的时候，"美国老太太与中国老太太"的故事广为流传。故事说的是，美国老太太与中国老太太在天堂里相遇了，中国老太太说："我攒了一辈子钱，终于在临死前买了一套大房子，可刚搬进去，就上天堂了。"美国老太太说："我住了30年的大房子，在上天堂以前终于还清了全部贷款。"两个老太太的故事一石激起千层浪，唤醒了国人尘封已久的巨大消费需求，"用明天的钱圆今天的梦"，成为新世纪的消费和生活观念，借助住房按揭贷款这一金融创新工具，无数普通人喜迁新居。

住房按揭贷款这一金融创新工具，正是巧用了金融的分合之道，它将住房这件金额庞大的不动产，分成几百个小份，用购买者未来几十年的收入去逐月偿还，这是"分"；而普通工薪族未来几十年每个月并不丰厚的收入，借助住房按揭贷款这一金融创新工具合在一起，就能够支撑起现在住房这项大额的消费支出，这又是"合"。住房按揭贷款就是这样从时间维度上先分后合，聚少成多，解放了人们在房地产市场上的购买力，释放出巨大的市场需求，使中国房地产市场发生了翻天覆地的变化。

如果说住房按揭贷款巧用金融的分合之道，解放了人们在房地产市场上的购买力，是一个伟大贡献的话，那么，众筹的横空出世，更是将金融的分合之道发挥到了极致！众筹可以从时间、空间、功能等多个不同的维度创造出先分后合、聚沙成塔、化腐朽为神奇的人间奇迹，尤其是经营权众筹的出现，可以将企业从传统的股权和债权融资中解放出来，使企业能够把未来的现金流收入和预期收益提前贴现，既有利于企业抓住市场良机以加速企业的扩张，又为个人投资者开创了一条全新的投资渠道。可以说，经营权众筹开辟了一片企业融资和个人投资的新蓝海，它将激发出来的巨大市场活力，我们目前还不能完全预料得到……

经营权众筹开拓了一方企业崭新组织形式的新天地
——从管理学发展历史看众筹

现代管理学的内涵与外延十分广泛，在管理学的发展历史中，各种著作更是汗牛充栋，笔者无意也无法去探究管理学完整的发展轨迹，在此我们仅从企业组织形式创新的角度去理解众筹在管理学发展历程中的重大意义。

提到企业组织形式创新，最伟大的贡献莫过于股份制的诞生。

1554年，英国成立了第一个以入股形式进行海外贸易的特许公司——"莫斯科公司"，它的成立标志着真正的股份制度的产生。1600年英国又组织了股份制形式的东印度公司，它成为英国向海外扩张殖民势力的工具中势力最大、资本最雄厚者。它独占从好望角直到东方一切国家的贸易，还享有对殖民地军事和政治的全权。

虽然股份制是英国人的专利，但真正将股份制发扬光大的却是大洋彼岸的美国人。现代意义上的股份制企业，是在19世纪后期美国大规模进行铁路建设的过程中出现的。

美国独立战争后赢得了政治上的独立，却没有带来经济上的独立。随着美国利用各种手段获取的西部领土不断扩大，它掀起了一个大规模持久的"西进运动"，而"西进运动"又是以大规模的铁路建设为开路先锋的。19世纪美国形成了全国统一的铁路网，将西部与东部紧密结合起来，加速了美国经济的腾飞，其整体经济实力在20世纪初迅速超越欧洲传统强国，成为新的世界霸主。

而美国之所以能在铁路建设上取得如此巨大的成就，其中一个至关重要的原因就是它充分利用了股份制。1825年，世界上第一条铁路在英国投入运营，五年后美国也在巴尔的摩至俄亥俄之间开始了铁路运营，此后不少国家也相继修建和使用铁路，世界经济从此驶上铁路的快车道。从技术角度看，铁路技术无疑是当时运输市场中最迅捷、最先进的技术，但它的出现绝不仅仅是技术上的飞跃，更是一场金融变革和组织管理的革命。

因为在铁路建设初期，为了使大量的资本和人力投入有效运作，同时也为了与其他企业进行竞争和展开协作，产生了现代化的企业组织和专门的管理人员。铁路投入运营后，对机车、货车、轨道、车站进行维修和管理，大规模的分级型管理组织更是必不可少。铁路建设时需要筹集大量的资金，因此，在铁路早期建设与发展中，发行铁路债券，成立股份制公司等"现代金融"手段与企业运行方式被广泛地运用于铁路中。而铁路运输丰厚的回报也使得铁路证券成为当时各国证券市场上交易最大、最活跃的"宠儿"。在1830～1840年的美国证券市场出现了一个"铁路证券时代"，并一直延续到1920年，铁路公司的股票是证券市场上占比重最大的证券，最高时曾占纽约证券交易上市股票总份额的60%。

在美国人的"西进运动"开展得如火如荼之时，在大西洋对面的欧洲大陆上另一个强国也在迅速崛起，那就是刚刚完成统一的德国。统一不久的德国在俾斯麦的领导下，重视发展科技和教育，同时德国全境竞相修筑铁路，掀起了创办企业的狂潮，几十家银行相继开业，股份公司纷纷建立。在短短的20年里，仅普鲁士就出现了资本总额达24亿马克的295个股份公司。股份制促进了德国铁路建设的高速发展，到19世纪80年代，德国境内密布的铁路网已经形成，长度超过中西欧等国，密度超过所有欧洲国家。

铁路网的形成，把德国沿海与内陆、原料产地与工业中心、城市与乡村都连接起来，一个巨大的国内统一市场逐渐形成，促进了新兴工业、重化工业的发展，同时也刺激了一系列科学发明创新。第二次工业革命中的许多重大发明如内燃发动机、柴油机、汽车等均出自德国人之手，德国与美国携手成为第二次工业革命的领导者，德国也一跃成为仅次于美国的世界第二大经济体。

由此可见，股份制作为一种筹措资金的重要手段，在美德等国的铁路建设中发挥了极为重要的作用。正如马克思曾指出的："假若必须等待积累去使某些单个资本增长到能够修建铁路的程度，那么恐怕到今天，世界上还没有铁路。但是，集中通过股份公司瞬间就把这件事完成了。"

同时，股份制的出现使企业规模突破了个人资本量的限制，日益扩张，内部结构日益复杂，现代职业经理阶层应运而生。在19世纪末20世纪初，美国人泰勒开始思考如何使用秒表研究来提高工作效率，法国人法约尔也在思考组织管理活动的普遍性和独立的规律，传统管理学由此诞生。

因此可以这样说，如果没有股份制，就没有美德等国大规模的铁路建设，更不会催生改变世界的第二次工业革命，同时也不会产生管理学这门独立的学科。

第二次工业革命引领世界实现经济近百年的快速发展，但到了20世纪后期，这架引擎的推动力已明显不足了，这就需要一场新的技术革命为世界经济重新注入前进的动力，而新的技术革命，又需要与之相适应的金融创新和组织形式创新。

美国加利福尼亚州北部的一个山谷，肩负起引领新一轮技术革命的历史重任，而承载着新技术革命的半导体芯片的主要原材料"硅"，最终成了这片山谷的名字。一个世纪之前，这里曾是一片果园和葡萄园，但自从国际商用电器公司（IBM）和苹果电脑公司等高科技公司在这里落户之后，这里就成了一座繁华的市镇。在短短十几年之内，硅谷成为世界电子工业的王国，创造出了无数的高科技富翁。

资源禀赋仅是硅谷成功的一个基础，而真正为硅谷的腾飞立下汗马功劳的，是无数风险投资家的"疯狂舞蹈"，他们不但为创业者提供资金，更重要的是手把手地教会他们如何管理企业，怎样把股票抛给公众……早在100多年前，加州的黄金就引发了一场全美的淘金狂潮，而如今风险投资硅谷"点金术"所创造的财富则远远超过了加州矿脉里的金矿……

风险投资公司是硅谷的一个重要标志，除了高科技公司具有强烈创业精神和拥有一批科技人员兼企业家之外，风险投资是助推其成长的一个重要因素。风险投资公司在硅谷高科技公司快速成长过程中扮演了不可或缺的角色，为高科技公司开辟了广阔的融资天地。硅谷是全美风险性创业投资的主要活动中心，全国最大的风险性创业投资公司有2/3以上在硅谷或其附近设有办公室。

风险投资与创业精神相辅相成，如果不了解风险投资家的作业方式，就无法了解硅谷这样的高技术系统。可以说风险投资家是创业型企业执掌生杀大权的守门人，他们除了可以决定一个新公司能否成立之外，还在公司发展初期协助公司经营管理，提供技术方面的建议，有时甚至可以请公司的总裁亲自接管公司，直到找着新的领导人为止。风险投资就是把钱押在潜力雄厚的高技术新公司，而风险性创业投资公司便在企求高收益的投资人和需要资金的创业家之间，扮演中间人的角色。创业家必须以出让公司相当大一部分股权的代价来换取创业资金，因此创业家对于风险投资家往往是既爱又恨。

硅谷绝大多数成功企业的背后都有风险投资的支持，风险投资是硅谷的魅力所在。可以说，风险投资是镶嵌在美国硅谷的一颗钻石，正是风险投资成就了硅谷的今天。创新、创业、风投……共同谱成了硅谷美妙动人的音符，在巨大的风险投资的推动下，以美国硅谷为核心的科技企业大大推动了世界经济的增长，将人类带入了信息社会的新时代。

2008年全球金融危机之后，信息革命已不足以推动世界经济继续向前，确切地说，信息革命还算不上一次完整的工业革命，它只是第二次工业革命的延续，同时又为下一次工业革命准备了技术基础和社会基础。全球金融危机后，各国都要积极进行经济的转型升级，加快培育战略性新兴产业，竞相角逐新一轮工业革命。

2011年，美国经济趋势基金会主席杰里米·里夫金在其著作《第三次工业革命》中，明确提出了"第三次工业革命"的概念。他认为，可再生能源和互联网技术结合起来的革命将改变整个世界。"第三次工业革命"的观点一经提出，迅速引起各方关注。

里夫金认为，新通信技术与新能源系统的结合，往往预示着重大经济转型时代的来临。在前两次工业革命中，印刷技术与蒸汽机的结合、电信技术与内燃机的结合，都为这一观点提供了佐证。而互联网技术与可再生能源的融合，将为他所定义的"第三次工业革命"奠定一个坚实的基础。

在里夫金看来，"第三次工业革命"首先是一场新能源革命。在互联网时代，能源的分布可以建立起神经式的互动网络，将普通电网变成能源型互联网。随着生产生活的数字化与自动化，未来将出现由通信、能源和运输三大网络相互融合形成的"超级物联网"，人们能直接在物联网上生产、分享能源和实物，并运用大数据和算法来提高效率和生产力。

里夫金认为，以互联网为基础的物联网、新能源技术革命会让社会大生产在一些领域的边际成本降低到接近于零的水平，也就相当于免费供应。于是，公司利润开始枯竭，人们开始乐于与他人分享一件商品而不是独占，从而产生了一种深刻改变社会的混合经济模式：资本主义模式和"协同共有"模式共存。

前面我们分析过，在历次重大技术革命中，都伴随着与之相适应的金融体制和企业组织形式的巨大变革，正如股份制对铁路建设和第二次工业革命的巨大推动作用，以及风险投资对信息革命的催生与促进一样，第三次工业革命同样需要金融体制和企业组织形式的重大创新来与之相适应。

在里夫金的设想中，他认为第三次工业革命会产生了一种资本主义模式和"协同共有"模式共存的混合经济模式，当然这一理论还有待于实践的检验。不过，我们欣喜地看到，2014年以来众筹特别是领筹网独创的经营权众筹取得了快速发展，尤其是全球最大单体屋顶光伏发电站的收益权众筹产品登陆北京特交所旗下众筹平台领筹网，使我们看到了众筹特别是经营权众筹对新能源产业的巨大支持和推动作用，由此我们可以预测，经营权众筹很可能会成为里夫金笔下"混合经济模式"的重要组成部分，为第三次工业革命的到来发挥重要的推波助澜作用。

即将到来的第三次工业革命呼唤金融体制和企业组织形式的创新，众筹尤其是经营权众筹的横空出世，使投资者除了股东和债权人之外，还可以经营权投资者的角色参与到企业中来，分享企业的经营收益，这必将大大改变传统企业的组织形式，甚至改变传统的商业生态，这对于企业的所有者、经营者、投资者及其他利益相关者来说，都是一次重大的解放。

当今世界正处于新科技革命的时代,新产业革命初露端倪,一些重要科技领域显现出发生革命性突破的先兆。在 200 年的全球工业化进程中,中国与前两次工业革命失之交臂,结果落后挨打了上百年。如今,在这关系着民族生死存亡和子孙后代幸福的关键时刻,我们能否登上第三次工业革命的快车?

第三次工业革命的吹鼓手里夫金一直看好中国经济,他在多个场合表示,中国在未来一定能引领以互联网技术和新能源系统为核心的第三次工业革命。里夫金认为,丰富的可再生资源,持之以恒的耐心和长期规划的眼光,宝贵的传统文化资源,这三大财富加在一起,会给中国带来无尽的力量。里夫金希望中国不光成为经济上的大国,而且在各方面成为一种领导性的力量,领导整个人类与环境友好相处、注重可持续发展。

在《第三次工业革命》一书中,里夫金为我们描绘了一个宏伟的蓝图:数亿计的人们将在自己家里、办公室、工厂里生产出自己的绿色能源,并在能源互联网上与大家分享,这就像现在我们在网上发布消息一样。能源民主化将从根本上重塑人际关系,它将影响我们如何做生意,如何管理社会,如何教育子女和如何生活。而众筹模式所倡导的聚闲散资金、集众人智慧、交流与分享的理念,不正是能源民主化的具体表现形式吗?!

人类即将步入一个后碳时代,这是人类社会经济发展的必然趋势,第三次工业革命已经迎面而来,众筹模式更是方兴未艾,面对这一切,你准备好了吗?你的公司准备好了吗?中国准备好了吗?

第三章

众筹之大神和小神

在众筹的编年史上,大神们创造性地完成了 N 个不可能完成的任务,人类历史由耀目的少数人占据头条地位。在新的互联网时代,众筹走下神坛,普罗大众振臂一挥也能完成自己的众筹之梦。

这正是一个众生皆可成神的时代,你,为此准备好了吗?!

银行家众筹赢得南北战争

每一场硝烟弥漫的战争背后都是一场更加激烈的金融战。一种金融方式的创新，能够主宰战争的成败。

当战争机器开动之时，同时开动的是国家另一台融资机器，这台机器有几条重要流水线，其一叫作印钞，所以每每战争爆发通常伴随严重的通货膨胀；其二叫作征税，所以战争打得越惨烈，人民被搜刮得也越惨烈；其三叫作国债，政府通过政权信用借债完成融资。相较前面两种方式，发债对人民的伤害更小，所以被各国政府广泛使用。

在南北战争爆发之前，全世界范围内国债的出现已经有几百年的历史，美国发行国债也已经超过100年，战争和国债业已建立了超级兄弟伙伴关系。假如华尔街在南北战争时没有帮助联邦政府通过众筹方式销售国债，今天的美国版图或许早已改变，因为当时林肯的融资机器上根本没有印钞和征税这两条生产线。

与我们所处的国家财政机制健全的时代不一样，林肯进行南北战争，并没有健全的财政系统，他没有中央银行来发行足够支付军费的钞票，没有银行管理体系，没有统一的货币，也没有税收机构。但是最终北方联邦政府却打败了由大英帝国支持的南方政权，其中最重要的原因不是林肯发行了国债，而是一位银行家帮助联邦政府改良了国债的发行方式，使得国债从"微筹"真正走向了"众筹"。

在南北战争之前，美国国债销售的对象都是机构投资人，一般老百姓是没有机会购买的。然而，通过这样的融资渠道，无法满足庞大的战争需求。更雪上加霜的是，当时以英国为代表的欧洲国家一致站到南方政府一边，对资助联邦政府毫无兴趣。1860年12月，联邦政府平均每天的费用支出只有17.2万美元，但是到了1861年的初夏，当战争打响的时候，每天的费用高达100万美元。到了这年年末，这一数字涨到150万美元。1861年12月，北方地区的大部分银行停止用黄金支付债务，几天后联邦政府也被迫如此。整个国家已经脱离了金本位，华尔街一片恐慌。"国家的根基已经动摇，"林肯说，"我该怎么办？"

1862年，美国国会通过销售5亿美元的国库券。财政部长萨蒙·P.切斯亲自到华尔街以7.3%的年利率发行债券，他选择这个利率显然是为了使100元面值的债券每天能产生两分钱的利息。虽然他筹集到了大约5000万美金，但切斯清楚地意识到这样一笔资金对当时的华尔街银行来说已经很难负担，而对于政府的长期需求来说，无异于杯水车薪。

历史这时再次眷顾了这个新兴国家，陪同财政部长前往纽约的是一名年轻的银行家杰·库克，库克的父亲是个律师兼国会议员，库克在俄亥俄州长大，此后定居费城，就在内战打响时，他在费城开了一家以自己的名字命名的私人银行。于是联邦政府请库克（他的父亲和切斯是老相识）作为代理人来帮助发行一系列5~20年期的新债券，这些债券可以在5~20年之内赎回，年利率6%，用黄金支付。

《福布斯》公布的十佳金钱影片中《华尔街》获第一，该片中戈登·盖柯的一句台词"贪婪是好的（Greed, for lack of a better word, is good）"被评选为"100句最伟大的电影台词"的第70位。银行家库克先生面对5

亿美元债券，不知如何销售，但却知道如果完成这次承销，将赚取数目庞大的佣金。贪婪，有时确实是好的。

库克将目光投向欧洲金融之都伦敦，但英国站在敌人的一方。而华尔街，当时更像一个富人俱乐部，无法消化5亿美元的国库券。是时候把国债从银行家、富人、经纪商手中解放出来了，库克大胆地创新了发行方式，将目光投向美国普通工薪的芸芸众生。

库克在报纸和传单上广泛宣传要发行的债券，并说服财政部将这次发行的债券面值缩小到50美元。同时雇用了2500名中介，周游在北方与西部各州经营销售。他在报纸上讲了很多故事，告诉美国普通的工薪阶层购买这些债券不仅仅是一种爱国表现，也是一笔很好的投资。他的销售广告简洁有力："为了胜利请购买国债。"他的销售团队甚至走向南方，只要当地为北军占领。用现代互联网金融的眼光看，这确实是一次伟大的债权众筹。它不仅调动了最广泛最普通的民众参与，而且动用了现代传播手段，传媒、广告和地面销售团队互相配合，以至高无上的爱国主义进行包装，同时在所有的宣传中强调，所销售的债券不仅有6%的利润，更重要的是这些利润完全免税。不得不说，这是一次闪烁智慧光芒的金融革命。而驱动这股广众参与的众筹力量的，则是丰厚的佣金。紧接着，债券销售的成功远远超出了原先最乐观的估计。

就这样，南方被联邦政府的众筹国债打败。

库克成功地完成了所有5亿美元的债券销售，联邦政府因为这笔经费而避免了财务泥淖。至于南方，因为完全缺乏这样的财务杠杆机制，军费就成了拖垮战争的累赘。库克同时也改变了美国人民的财务结构。在战争之前，美国人不到1%持有各种形式的证券，床垫是人民存放现金的地方。但光是库克就将债券销售给了5%的美国北方居民。到战争结束时，库克卖国债的速度已经比政府战争花钱的速度还快。

美国政府的国债余额在战争早期为6500万美元；战争结束时，美国政府的国债余额达到了27亿美元。战争结束后，南方的一位将军曾经讲到，"我们不是输给了北方的士兵，而是输给了北方的金融"。实际上美国在19世纪的飞速发展与美国国债是密不可分的，借来的资金为美国提供了源源不断的发展动力，直至它成为世界上最强大的国家。

根据某些"阴谋论"观点，是欧洲的银行家挑起了美国内战。有资料甚至提供了德国的铁血首相俾斯麦的铁证：把美国分裂成南北两个实力较弱的联邦，是内战爆发前早就由欧洲的金融强权定好了的。为了挑起美国内战，国际银行家们进行了长期而周详的策划。然而不管这是否属实，从结果上说，自由独立的美国通过人民购买国债真正找到了一条金融康庄之路，也摆脱了所谓的欧洲金融强权。

罗斯福一张照片众筹230亿美元

在美国通过发行国债走向世界帝国的道路上，还有另外一个闪耀的故事。不得不说，美国经历大选洗礼的总统们深谙宣传这一利器，并特别善于使用道具。在第二次世界大战时，总统罗斯福先生就曾经用一张照片众筹了263亿美元。

这是一张什么照片呢？

照片的名字叫《美军士兵在硫磺岛竖起国旗》（Raising the Flag on Iwo Jima，也翻译成《国旗插在硫磺岛上》或《美国国旗插上硫磺岛》)，是第二次世界大战中太平洋上最惨烈战役之一硫磺岛战役的一幅著名摄影作品。拍摄者是美联社的随军记者乔·罗森塔尔。黑白色的照片捕捉到的是六名美国士兵在硫磺岛最高峰折钵山竖立美国国旗的瞬间。这张照片真实记录了美军占领硫磺岛的历史事实，同时由于其太具有象征意义，旋即成为许多雕塑和绘画作品的原型，在很多美国电影中都有模仿。它也成为唯一一张当年拍摄当年就夺得普利策摄影奖的照片。

图 3-1　《美军士兵在硫磺岛竖起国旗》

美联社的随军记者乔·罗森塔尔拍摄的著名摄影作品，美国因此照片超额发行战争国债 263 亿美元。

硫磺岛战役是第二次世界大战太平洋战争中日本与美国间爆发的一场战役，自 1945 年 2 月 19 日战斗至 3 月 26 日。该战役也是太平洋战争中最激烈的战役之一，其间日本坚守硫磺岛，凭借惊人的地下工事和纵横交错的交通壕有效射杀了数目庞大的美军，但美军最终还是将其攻破。美军死亡6821人，伤21865人。日军阵亡22305人，被俘1083人。随后美军将该岛建设为供战斗机起飞的机场，为B-29超级堡垒轰炸机护航，大幅提升了对日本政治和工业核心的东京进行战略轰炸的效率。此外，美军在硫磺岛战役中的巨大伤亡也间接促成了美军最终向日本投掷原子弹的决定。

这张珍贵的照片拍摄于1945年2月23日（为时36天的硫磺岛战役的第5天）。硫磺岛，因岛上覆盖着一层由于火山喷发而产生的硫磺而得名。在面积不到21平方千米的范围内，双方伤亡数万人，战争的残酷令人难以想象，胜利得来不易。当日美国海军陆战队第5师第28团哈罗德·希勒中尉率领的一支44人的小分队，一路血战，上午10时30分，终于冲上了硫磺岛制高点——折钵山山顶。他们随即决定升起美国国旗。

摄影师乔·罗森塔尔当时是美联社的随军摄影记者。他在2月23日登上该岛，准备拍摄一些有价值的新闻照片。当他知道星条旗在折钵山升起时，为时已晚。上山路上还碰到同行的《海军陆战队杂志》的记者路易斯·苏莱上士，这位幸运的同行宣称自己已经拍摄到了星条旗飘扬的历史性照片。罗森塔尔非常失望，但还是爬上了山顶，却发现指挥员正命令779号坦克登陆舰紧急将一面更大的国旗送上岸。希勒中尉小分队中的六名官兵奋力将这面大旗插上山顶。这一激动人心的场面正好被错失上次良机的美联社记者乔·罗森塔尔拍了下来。

照片9天后在《生活》杂志发表并引起轰动，甚至一度惹来争议，因为有人认为他的照片是摆拍的结果。最后两次插旗的真相澄清，罗森塔尔才有机会拿到普利策摄影奖。乔·罗森塔尔因此一夜成名。

由于这张照片真实反映了二战期间美国军人浴血奋战的英雄形象，美国联邦政府不仅在战时将它作为献给阵亡将士的礼物，而且在战后还根据照片制作了一座雕像，安放在华盛顿阿灵顿国家公墓，任后人凭吊。这幅照片也成为美国民族的象征，后来也是邮票、海报、不可计数的杂志和新闻头条反复使用的素材。

一张照片的新闻轰动效应，比战争本身更有意义，甚至可以左右战争的结果。在看过这幅照片之后，美国总统罗斯福认为这张照片是销售第七轮军券（为筹措军费而发行的国债）极好的宣传品，于是下令辨认寻找照片中的士兵并立刻带他们回国。

然而当照片登上美国各大报纸头条的时候，六名士兵中的三人甚至还来不及知道自己成为英雄就英勇牺牲了，剩下的三名战士从世界末日般的枪林弹雨中回到祖国，成为全国人民拥戴的战争英雄，接受总统亲自召见："既然你们能在太平洋攻下敌山，相信你们也能攻下金山！"而这座所谓的"金山"就是三位战士的最新任务——参与美国债券销售。其后三名生还者参与了军券的全国巡回销售活动。这次发起的 140 亿军券促销叫作"强势第七届"，是战时最大的一次国债销售。于是经过国家级的策划宣传，伴随着爱国主义教育，经受过炮火洗礼的"英雄"，要在各地运动场的礼炮声中再来一次插旗道具表演，在人群的呐喊声与礼花齐鸣声中，发表感人至深的演讲。销售很成功，共卖出了 263 亿美元，相当于当时目标的两倍。

利用"英雄"的光环和民众的爱国情怀去销售国债一直是美国政府的强项，在好莱坞大导演斯皮尔伯格拍摄的 10 集电视剧《血战太平洋》中，也有男主角从战场回到国内巡回销售战争债券的剧情，但最成功的销售无疑就是罗斯福总统一手策划的这次照片众筹，263 亿美元的成绩是一次策划得无比成功的爱国主题营销社会运动。

这一伟大的爱国运动一直为后人称道，但那三位英雄在战后却都选择了隐遁市井，有的甚至晚景凄凉。詹姆斯·布拉德利所著的战争小说《父辈的旗帜：硫磺岛战役的英雄们》，最终揭示了这几位英雄的经历和心路历程。

作者詹姆斯之所以能写出这部伟大著作，原因是他的父亲就是当年巡回销售债券的三名士兵之一，而这一事实直到父亲死后他才从老父的遗物中获知。

2005年梦工厂将该小说改编成同名电影《父辈的旗帜》，并一举斩获奥斯卡金像奖、美国电影电视金球奖。

到底是什么让幸存下来的三人对那场战争只字不提，仿佛他们从未参与过那场战争？

因为他们不是为了成为英雄才走上战场，他们是为了国家而战，为倒在身旁的战友而战。

《伊利亚特》出版物众筹先河

出版物众筹先河具体无可考证，姑且认为是《伊利亚特》，至少这部书的出版（翻译版本）有明确记载。古人有云：穷愁著书。搞文学艺术的，在未名满天下之前，很多都是"生活不能自理"的状态。如果一直没有名满天下，穷愁而死的也多得是。

所以经济问题是艺术家们悬在头顶的达摩克利斯之剑。暗自揣测大概是出于这个原因，亚历山大·蒲柏想到了众筹出版书籍这个主意。因为他众筹出版方案的核心是预售，也就是把未曾出版的产品先销售出去。这一方法，成为后来报纸、杂志等的主流销售方法，翻译成我们更为熟悉的字眼就是"预订"。

这次大胆的众筹出版有一个可确定的基础：即当时拥有诗人身份的亚历山大·蒲柏已经小有名气，这是能够实现图书预售的信用基础。

蒲柏虽然由于脊椎炎身高不足 1.37 米，但其文学天赋从少年时代就已经彰显无遗。12 岁即开始发表诗作，他的第一部重要作品是 1711 年他 23 岁时出版的诗体《批评论》，其中许多名句已经成为英语成语。到 1712 年他完成了长篇讽刺诗《夺发记》，作品中描写一家男孩偷剪了另一家女孩的一绺金发，因为此事引起两家的争执。蒲柏把此事描写得和《伊利亚特》中的特洛伊战争一样壮观，居然写成了一部英雄史诗，由此收获了一些声名。

此外，蒲柏对自己众筹的标的物也进行了精确选择。并不是他自己的长诗，而是文学界的古典名著《伊利亚特》——文学史上"第一悲剧诗人"荷马的代表作。作为最重要的古希腊文学作品和西方经典，人们尤其是上流社会对拥有一本经典英语版本满怀期待。

蒲柏一方面为测试自己的名气，另一方面也想赚取外快，于是向社会公布了自己的众筹方案，蒲柏承诺将翻译历史上最精彩的《伊利亚特》，并号称翻译版本价值 6 个多几尼（几尼是当时英国的黄金货币，1 几尼 = 1.05 英镑）。该方案一经公告，即引来了 575 名读者的支持，最终成功筹集了约 4000 几尼。可谓非常成功。

有了这笔钱，蒲柏就可以从容进行他的翻译工作，这些支持者（订阅读者）的名字也被光荣地列在了早期翻译版的《伊利亚特》上。

回顾成功总是有点"想当然"，事实上这次创新在蒲柏那里也有一定的赌博性质，可以说他将自己的全部声望都押在这项翻译事业上了。面对这本大部头著作蒲柏在开始的时候也曾惴惴不安夜夜难眠，甚至害怕如果不能完成承诺人们会将他送上绞刑架。

好在这场愁苦并没有持续很长时间，他愈加熟稔于荷马的意象和措辞，而练习也让他的诗行更圆熟得体。不久他便自称每天能呵成 50 个诗节。如此，依靠他的勤奋，以及他获得的善意与金钱帮助，用五年多的时间他完成了注释版《伊利亚特》。这项工作始于 1712 年，他 25 岁时，结束于 1718 年，他生命的第 30 个年头。

这次众筹出版的成功，不仅让蒲柏摆脱了他常年挣扎于其中的金钱窘境，他未来的生活也有了物质保障。后来者认为，蒲柏翻译的英文版《伊利亚特》是"这世上曾有过的最高贵的诗歌版本"。

2009 年众筹又重新在互联网时代风靡起来，出版界和艺术家的同仁们再次翻版了蒲柏的这一创意。和现在的网络书店预订图书最大的不同在于，出版物的众筹只是在参与者知道图书大致内容的前提下，在图书尚未出版之时投入资金进行支持。

如 2013 年众筹的出版物《社交红利》、《互联网金融》、《本色》等，对支持者的回报如蒲柏一样，主要是实物性回报。如主持人乐嘉的书《本色》，"资金支持"分为 38 元、76 元两档，读者可自由选择支付成倍于此价格的资金。假如消费者选择为《本色》资助 76 元，便可获得两本新书以及乐嘉主题演讲入场券。《社交红利》的回馈则更为丰富，根据不同的资助额度，资助人可以获得定制版马克杯、《社交红利》首发研讨会入场券，甚至有与作者零距离下午茶交流的机会。

2014 年互联网界大佬周鸿祎通过某网站众筹其平生第一本著作《周鸿祎自述：我的互联网方法论》。该书没有选择走传统渠道，而是选择众筹的方式首发，这也是作者互联网思维的一种体现。该书众筹方案显示，参与众筹，除了可以第一时间拿到新书以外，还可以获得周鸿祎"面授机宜"的机会。其中包括"转型与颠覆：互联网思维风暴"周鸿祎互联网分享大会（北京/上海）入场券；递交商业计划书一份，获得 360 团队和周鸿祎本人的专业点评与合作的机会；更有 9 名参与者还可以与周鸿祎面对面共进私密午餐。根据公开数据显示，《周鸿祎自述：我的互联网方法论》共筹集 1612551 元，获得 4055 人支持。该成果刷新了国内众筹出版物的各项数据，并成为某网站众筹的标杆案例。

从蒲柏到周鸿祎，出版物的众筹仍旧以核心作者的知名度作为主要众筹号召点，众筹的形式也未脱离预售这一传统方式。区别只在于现代出版物众筹可以更方便地通过互联网平台直达可影响的粉丝人群，名人效应的效率大大提高，或者正如众筹书籍《社交红利》中所说，这即是一种"社交的红利"。

本书作为众筹出版物之一，从众筹机构设计上对前辈们划定的既定范畴有所突破，采用了"汉堡式"的混合众筹方式，故此，本书亦将作为一例典型案例出现在后面章节当中。

传媒大亨与自由女神众筹

纽约，是20世纪20年代以前来自旧大陆的人们进入美国的第一站，美国移民局在纽约哈德逊河口自由女神像所在的自由岛旁边的爱丽丝岛设有审查移民入境资格的审查站。所有人万里迢迢坐船渡过大西洋先要在爱丽斯岛通过入境审查，才被允许进入美国。

在《海上钢琴师》（The Legend of 1900）的开篇，1900深情独白："每一次前往美国的旅途中，总会有这么一个人，第一眼发现自由女神像，然后大喊一声：'America！'紧接着，海轮上那些怀揣'美国梦'、'淘金梦'，不远千里来到美国的人们也发出近乎疯狂的欢呼。"

自由女神是美国的象征，代表着追求自由的美国的至高精神，同时对于远渡重洋来到美利坚的移民者甚或是偷渡者来说，伫立在纽约港口的这座雕像无疑是来自伟大国度的第一个激奋的迎接信号，正如她的另外一个名字"自由照耀世界"！

图 3-2 自由女神像

  自由女神像高 47 米，加上高 46 米的底座，整个自由女神像共高 93 米。自由女神像重 229 吨，腰宽 10.6 米，高擎火炬的右臂长 12.8 米。它由固定在铁架上的铜片拼成，由于做工精细，整个雕像看上去像一个完美的整体。身着罗马式长袍的"女神"，右手高擎着火炬，左臂抱着一本象征美国《独立宣言》的书板，上面刻着《独立宣言》发表的日期——1776 年 7 月 4 日，女神脚下散落着被挣断的锁链。自由女神像内有 22 层楼梯，电梯可以开到第 10 层，再沿旋梯爬 12 层，就可到达女神像顶端的皇冠处的观景台。这里四面开着小窗，临窗俯瞰，纽约景色尽收眼底。

  神像底座基座高约 27 米，由花岗石混凝土制成。基座下面是打入弗特伍德古堡中心部位 6 米深处的混凝土巨柱。该古堡是一座军用炮台，呈八角星状，于 1808~1811 年为加强纽约港的防卫而建，1840 年翻新。1885 年 6 月，整个塑像被分成 200 多块装箱，用拖轮从法国里昂运到了纽约。1886 年 10 月中旬，75 名工人在脚手架上将 30 只铆钉和约 100 块零件组合一处，28 日，美国总统克利夫兰亲自主持了万人参加的自由女神像的揭幕典礼。1916 年，威尔逊总统为女神像安装了昼夜不灭的照明系统并主持了竣工仪式。1942 年美国政府作出决定，将自由女神像列为美国国家级文物。

第三章
众筹之大神和小神

这座承载了自由精神的雕像，虽然今天如此光辉伟岸，建造时却遇到了很多捉襟见肘的尴尬，可正是由于资金匮乏，才使得自由女神像与众筹多次产生关系，使得这座雕像真正成为人民参与的作品。

在雕像建造过程中，法国雕塑家迫不得已采取奖励众筹筹措建造资金。

这位雕塑家名为弗雷德里克·奥克斯特·巴特勒迪，在1865年的某天去凡尔赛参加宴会，偶遇一位极其崇拜美国的历史学家，显然这位历史学家的痴迷深刻影响到了巴特勒迪先生，于是便生出送美国一份百年生日礼物的想法。这份礼物就是一座雕塑，一座巨大、美丽的雕塑。

艺术家的天才想法受到政府的冷落，当时拿破仑三世政府甚至警告巴特勒迪要将其丢进监狱。好在该政权很快被第三共和国接手，自由女神雕塑计划才得以最终实施，但政府并没有多余的金钱进行资助。

为筹措资金，1876年巴特勒迪把已完成的雕像右手和火炬运到费城的美国百年庆典上去展览，花上50美元，参观者就可以爬过约9米高的钢铁台阶站在火炬边缘的平台上。1878年，又将雕像头部在巴黎世界博览会上展出，并通过这种预展形式收取费用。后来还直接发行了一种"自由彩票"，实际上就是通过博彩来筹款，奖品包括一些银盘子、雕塑模型等物品。到1879年，能干的巴特勒迪共筹集到25万法郎。

1884年6月，雕像已经完工，巴特勒迪将其竖立在他在巴黎工作室旁的一个庭院里，原计划随后将其拆除并装船运往美国，安装在纽约港旁边那块空地的基座上……然而，在1883年，美国国会投票否决了一项投资10万美元用于修建基座的议案，显然，美国人民根本并不欢迎这座女神像，"为什么纽约需要一座'法国人的女神雕像'呢？即使这雕像是免费的"！

这一结果激怒了后来新闻界鼎鼎大名的约瑟夫·普利策——自由女神

像众筹第二波的接棒人，自此雕塑底座众筹在美国新闻界拉开序幕。

普利策在他的报纸上开辟专栏来为雕像基座募集资金。他写道："巴特勒迪的雕像很快就将以自己的方式照亮世界，但或许该将其改成一座'吝啬雕像'，如果这就是我们对来自友好国家的一份珍贵礼物所表现出的态度的话。"在两个月没有停息的文字轰炸之后，普利策众筹到修建底座所需要的20万美元中的135.75美元。第一次众筹以惨淡结局收尾。

1884年9月，基座修建工程因资金耗尽而停顿。要完成这项工程估计仍需要10万美元，对此冷漠的纽约政府仍旧是袖手旁观的态度。

愤怒的约瑟夫·普利策没有气馁，决定二次众筹。这时，距离上次惨败已经过去了两年，他的报纸订阅量增长了100倍以上，这意味着将有数十万的人接受轰炸。自1885年3月15日开始，普利策连续5个月连载此事，并发出倡议："这座雕像不是法国的百万富翁们送给美国的百万富翁们的玩物，而是法国全体民众献给美国全体民众的礼物，把它当作你自己的事情吧。"

这一次众筹得到了热烈响应，到1885年3月27日，有2535人捐献了2359.67美元。4月1日，普利策趁热打铁发布了一个爆炸性新闻：运载着雕像的法国战舰Isere号即将出发并会在5月8日抵达美国。结果消息一经发布便在纽约乃至美国全国掀起了一股风潮，到4月15日，他募集到了2.5万美元。而一个月后又募集了2.5万美元。

功夫不负有心人，在普利策成功的新闻轰炸之后，自由女神像成了席卷美国的头号热门事件，不但众筹活动资金如潮水般涌入，普利策的报纸《纽约世界报》也因对这一新闻事件的实时报道备受追捧，当"自由女神像事件"完美收尾时，《纽约世界报》如同暴发户一般成为整个西半球最受欢迎的报纸。

戏剧性的结尾总是令人始料未及。

到 1885 年 6 月 19 日，资金总额上升到了 7.5 万美元。6 月 22 日，Isere 号抵达了纽约，它不仅带来了雕像，也把民众对此的激动之情带到了最高点。

最终，在历经约 147 天的努力之后，普利策终达目标。当天的《纽约世界报》头版头条刊登着："十万美元，自由神像底座的资金募集成功。"共有超过 12 万人为其捐款，平均每个人 83 美分。

建设底座的任务平稳地向前推进，并于 1886 年 4 月完成，接着开始搭建自由女神像，首先是搭建起内部的钢铁骨架结构，然后再一块一块地搭起外部的皮肤。最终在 1886 年 10 月 28 日举行了由当时的总统格罗弗·克利夫兰主持的揭幕式，雕像正式向公众开放。虽然比原定的 1876 年 7 月 4 日晚了 10 年，但毕竟成功了。

一个多世纪以来，矗立在自由岛上的自由女神像，已成为美利坚民族的象征，永远表达着美国人民争取民主、向往自由的崇高理想。正如自由女神像基石上铭刻的犹太女诗人爱玛·拉扎露丝的十四行诗《新巨人》中的诗句：

欢迎你，
那些疲乏了的和贫困的
挤在一起渴望自由呼吸的大众，
那熙熙攘攘的被遗弃了的
可怜的人们。
把这些无家可归的
饱受颠沛的人们
一起交给我，
我高举起自由的灯火！

那些众筹"科技萌民"

美国现代互联网众筹之祖 Kickstarter 最成功的 10 个众筹项目中，有 3 个是科技产品，6 个是娱乐产品，剩下的 1 个是儿童产品。由此可见，现代众筹已经完全不同于历史上的众筹，最成功的众筹地带主要集中在两个方面：科技和娱乐（有些实际就是这两样结合之产物）。

本着中国人民"先苦后乐"的反娱乐精神传统，在羡慕嫉妒恨娱乐众筹如何成功之前先来探讨一下众筹为何偏爱科技创新吧。

众筹大神为何从银行家、国家领袖、知名人士、传媒大亨突然变成了类似《生活大爆炸》中谢耳朵一样的科技"宅男"？这一可怕变化到底是在哪一天发生的？我们的世界最终将掌握在那些"半机器人化"了的"宅男"手中吗？

追根溯源，主要还是我们的生存环境发生了重大变化，毫不夸张地说我们生活在互联网中，最终人类也将成为互联网上的数据串，而我们的新生代也越来越多地被培养成"科技萌民"，平凡大众化的产品已经无法满足现代人的需求，一部分"技术宅"进化为"极客"，并开始将非常小众的极客文化推向普罗大众，进而培养出无数技术平庸但追求时尚的"科技萌民"。传统大众化的手机、PC、平板、手表乃至项圈，都要统统抛弃，"科技萌民"们需要给任何一个物件装上智能应用。

杯子，不再是普通杯子，要能提醒主人喝水。手表、眼镜统统进化成可穿戴设备，哪怕是一个普通的钥匙环，也最好带上智能找回功能。还有，可以促进睡眠的帽子，可以帮助矫正坐姿的智能"背背佳"，以及能一扫哈欠的头部项圈（此物有进化为紧箍咒的倾向）。对那些"科技萌民"们来说，浑身上下唯有佩戴这些法宝，方能显示品位的与众不同。

也许，我们的社会就是需要这样的"科技萌民"热情推进时代创新的步伐，因为众筹已经成为科技实验室产品的有力支持者，把"技术宅"们的想法从斗室中解放出来，大大降低科技创新的门槛。英国《卫报》的一篇报道说哈利波特的隐形斗篷在美国罗切斯特大学的实验室中被研发出来了，名叫"罗切斯特斗篷"，可以凭空让物体消失。参与该项研究的研究生约瑟夫·崔表示："据我们所知，'罗切斯特斗篷'是目前唯一能够做到三维、可持续多方向隐形的设备。"

在实验中，研究人员把铁尺、手及脸放在隐形镜片后，透过镜片观看便发现对象消失了，只剩下背景。约瑟夫说："我想可以用这种方法把大卡车上面的拖车隐藏起来，这样司机就能够直接看到身后的情形。"话说这样的技术是不是早就应用在了"魔术界"呢？不过从发明者的角度来说，他更强调这项技术在医学、军事和室内设计及艺术方面的应用。

尽管效果惊奇，但这款"隐形斗篷"所用材料却完全来自于实验室设备，成本仅1000多美元（约6126元人民币）。有人预测这将是一项可以很好地彰显极客文化，将大众众筹带进奇思妙想实验室的良好开端。

另外，众筹让科技创新同时完成了融资、融智过程。比如，一款叫作Coolest的冷冻冰箱的众筹过程，不但资金是从众筹平台获得的，产品功能和上市策略也在众筹过程中得到反复升级。今天大多数人看到的是Coolest冷冻冰箱因筹集到1030万美元（约合人民币6327万元）而一举超越其前辈明星Pebble智能手表创造的1020万美元（约合人民币6265万元）的奇迹，但很少有细心人士去了解Coolest之前多次的失败。

发明者美国俄勒冈州赖安·格雷普之前在Kickstarter上有过两次灰头

土脸少有人问津的经历。好在这位"技术控"并未就此放弃他对改良这款派对冰箱的浓厚兴趣,他根据一小撮支持者的反馈和更多来自于自己的反思,不断修改创意,将冰箱内置的碎冰机、可拆卸防水蓝牙音箱以及USB充电接口不断优化,并加上了制作冷饮、播放音乐和手机充电功能。

所以,最终在Kickstarter上有这样的介绍:"Coolest外表是冰箱,实际上它可以随时变出一场微型派对,它适用于任何户外场合,可以提供混合饮料,播放音乐,为参与者带来乐趣。"

众筹对创意者的支持超乎想象。特别是一些极客们稀奇古怪的想法,哪怕只是一个微小创新的小玩意儿,众筹也能帮助他们获得充满荣耀的成功。

这又是几位"技术宅"的发明,一款叫作TrackR bravo的小巧追踪器,它利用强大的GPS定位系统实现快速追踪功能,外观轻薄精美,可以运用智能手机轻松追踪想要追踪的物体,如手包、自行车、笔记本、钥匙,以及……女朋友!或许吧!所以健忘的人们给予这个小东西热烈响应。不仅大洋彼岸,中国的"科技萌民"们也已经开始研究自家门口的失物追踪器。

Kickstarter众筹之星TOP前10中的三个科技众筹项目:

TOP1:桌面3D打印机The Micro

融资目标:5万美元

融资数额:340万美元

The Micro是一款面向普通用户的小型3D打印机。你只需接上电源,下载或设计自己需要的模型,点击打印按钮,打印机就可以工作。The Micro项目仅用时11分钟就完成融资目标,于2014年5月完成融资。The Micro最早将于2014年8月向项目赞助人发货。

TOP8：音乐播放器 Pono

融资目标：80 万美元

融资数额：622.5 万美元

音乐播放器 Pono 是一款旨在提供高质量音频的棱镜形设备。Pono 项目由音乐人尼尔·杨（Neil Young）创立。2014 年 4 月，短短一天时间该项目的融资金额就已经超过 80 万美元。

Pono 零售价为 399 美元，内存空间为 128GB，可存储 1000 至 2000 首高质量歌曲。第一批 Pono 播放器预计将于 2014 年年底向 Kickstarter 赞助者发货。

TOP10：电子墨水屏智能手表 Pebble（该产品业绩后被 Coolest 冷冻冰箱超越）

融资目标：10 万美元

融资数额：1026.7 万美元

Pebble 是 Kickstarter 平台迄今融资数额最高的项目，它是全球第一款成功的智能手表。Pebble 用户可以通过蓝牙与 iPhone 或 Android 设备同步。Pebble 具有防水功能，用户可以用它接收电话和短信通知。Pebble 非常个性化，用户可以下载自己喜爱的表盘。Pebble 官方售价为 249 美元。

天赋人权之众筹娱乐权

人们像需要巧克力一样需要娱乐，人们也像购买巧克力一样购买娱乐。

虽然马斯洛经典五重需求：生理需求、安全需求、社交需求、尊重需求和自我实现需求没有明确列出娱乐需求，但显而易见，娱乐要归于社交需求，也是天赋人权中的权利。不是有这样一句话："你可以消灭我，囚禁我，折磨我，但不能剥夺我娱乐的权利！"

生活痛苦的人类对娱乐的需求向来如此渴望。

所以2014年有了这样一个纯粹为娱乐而生的众筹项目，名字一如它的内容一般"无稽"而"性感"，叫"钢琴砸香槟塔"！

你想捐助10美元而只是听个响儿吗？

某天纽约艺术家和她的伙伴们可能正处于极度无聊的状态，于是天才地发起了一个"钢琴砸香槟塔"的众筹项目，并冠之以"行为艺术"的堂皇名头。这些"怪咖"们的想法，基本上是令常人无法理解的，否则怎么体现里面的艺术含量呢！

艺术家们通过众筹网站发布了这个项目，并设定了2300美元的目标。这些钱将用来搞定那些道具：如一台注定要被砸烂的钢琴和注定要被钢琴砸烂的香槟杯数只，同时购买一些必要的挡板以及准备记录全程的摄像机一台，以防止项目实施时误伤无辜的围观群众。

真的要掏10美元而只听了响吗？是的！

并不是艺术家的世界你不懂，而是世界本来就是这个样子。

最终这个众筹项目非常火爆地筹集到2975美元。当然你可以鄙视、嘲笑和翻白眼儿，但这确实是一个成功案例。最终该项目在布鲁克林格瓦纳斯剧院演示，从约20米高处扔下一座钢琴，把下面的香槟杯塔砸得稀巴烂。

轰！于是，人们爽极了。尽管他们什么也没有得到。

不，他们得到了人生最重要的东西——快乐！翻译成中文，是一个叫作"活在当下"的高深状态。

其实，美国人尼尔·波兹曼在好几十年前就通过一部严肃著作，阐述了人类对娱乐的无节制追求，书名为"娱乐至死"，略有耸人听闻之嫌。评论家们说《娱乐至死》是一份精彩、有力、重要且难以辩驳的控诉书。在这本书中，波兹曼指出，一切公众话语日渐以娱乐的方式出现，并成为一种文化精神。我们的政治、宗教、新闻、体育、教育和商业都心甘情愿地成为娱乐的附庸，毫无怨言，甚至无声无息，其结果是我们成了一个娱乐至死的物种。

尽管如此，人类对娱乐的渴求并没有半点收敛。娱乐产业在21世纪已经发展成为一个庞大可以操控群体精神状态的经济产业，尤其在互联网化的今天，一切关于娱乐、暴力、性、政治阴谋之事都成为传播力的代表，而其中，娱乐又能把所有好的、坏的、严肃的、阴谋的、尴尬的事件全部变成娱乐本身。

我们很幸运地生活在这样一个全民娱乐的时代，所以众筹如何不娱乐呢！

上节说了一个Kickstarter众筹前10的数据，其中有6个是娱乐项目，而5个属于纯粹游戏产品，只有一个是影视产品。人们从来都是用脚投票，结果毫不掩饰。

2014年3月26日下午，阿里巴巴数字娱乐事业群宣布推出阿里第三代"宝"——娱乐宝平台。网民出资100元即可投资热门影视作品，预期年收益率7%。首期项目包括电影《小时代4》、《狼图腾》、《非法操作》以及社交游戏《模范学院》等6个项目，总投资额7300万元。2014年6月10日，阿里娱乐宝二期开卖，单项目投资上限升至2000元，二期项目共包括《露水红颜》、《绝命逃亡》、《边缘线》、《老男孩》、《魁拔Ⅲ》5部电影，总投资额9200万元。9月22日百度众筹退出"百发有戏"，两分钟认购1500万，最终实际销售达1800余万元，投资的主要方向亦是电影。

众筹，可以和娱乐如此亲密，众筹的过程、结果、投资方向，越娱乐越成功！

Kickstarter 众筹之星 TOP 前 10 中的 6 个娱乐众筹项目：

TOP2：RPG 游戏《永恒计划》（Project Eternity）

融资目标：110 万美元

融资数额：398.7 万美元

2012 年 10 月，游戏开发公司黑曜石娱乐（Obsidian Entertainment）融资数额超过预定目标。在结束众筹项目时，黑曜石计划于 2014 年 4 月发布《永恒计划》。这款游戏随后被改名为《永恒之柱》（Pillars of Eternity）。2014 年 3 月，黑曜石宣布与瑞典游戏开发商 Paradox Interactive 合作，Paradox Interactive 将帮助黑曜石宣传和发行游戏。这款游戏将于 2014 年年底问世。

TOP3：日本经典横轴游戏《无敌 9 号》（Mighty No. 9）

融资目标：90 万美元

融资数额：384.5 万美元

2013 年，《无敌 9 号》通过 Kickstarter 平台融资 384.5 万美元。该项目由《洛克人》开发者稻船敬二领导，是一款经典的日本横轴游戏。2014 年这家公司宣布将展开第二轮融资，旨在改善游戏的英文配音。

TOP5：RPG 游戏《折磨：扭蒙拉之潮》（Torment：Tides of Numenera）

融资目标：90 万美元

融资数额：418.9 万美元

2013 年 4 月，游戏开发商 InXile Entertainment 通过 Kickstarter 大约融

资 420 万美元，74405 位赞助者参与融资。这款游戏是基于同名角色扮演类桌游开发的，同名桌游也在 Kickstarter 上募集资金。2014 年 12 月，这款游戏将面向 Kickstarter 赞助者发布，用户也可以通过网站预订游戏。

TOP7：电影版《美眉校探》（Veronica Mars）

融资目标：200 万美元

融资数额：570.2 万美元

编剧罗伯·托马斯创作的青春侦探剧《美眉校探》于 2007 年停播。停播后，托马斯编写了电影版《美眉校探》，但华纳兄弟无意资助该项目。2013 年 3 月，托马斯和主角克里斯滕·贝尔为电影发起了一个 Kickstarter 项目。在短短 10 小时内，他们便完成了 200 万美元的融资目标。电影版《美眉校探》现已发行，影迷可通过官方网站购买光碟。

TOP9：Android 游戏机 Ouya

融资目标：95 万美元

融资数额：859.6 万美元

Ouya 是一款开源 Android 游戏。捐助 99 美元就可以获得 Ouya 手柄和游戏机。在 Ouya 中所有游戏都是免费的——至少可以试玩，其设计简约美观。

第四章

第五种众筹

就像乔布斯重新发明了手机,通讯领域历史分为了"苹果前"和"苹果后";就像马斯克重新发明了汽车,交通工具历史从此分成"特斯拉前"和"特斯拉后",众筹界自从重新发现了"第五种众筹",或许意味着会有"第五种前"和"第五种后"的分水岭。

各有千秋"四大筹"

在众筹的世界里,人们通常熟悉的是四种众筹方式,它们分别是:

一、奖励制众筹

此种众筹也是最简单的一种众筹方式,在它的身上,我们看到了"团购""预售"和"电子商务"混血的影子。

在国外,奖励制的众筹一般集中在高新科技或微创新的硬件领域,比如,2014年上半年非常流行的智能穿戴设备,几乎每一个众筹网站都在做疑似雷同智能手表众筹。故此奖励众筹最大的特点就是众筹标的物指向为看得见、摸得着的产品。海外网站虽然更注重研发、测试阶段的产品,国内网站更注重生产结束、尚未进入大宗销售的产品,但归根结底它们在众筹回报都是实物产品这一点上是完全统一的。

当然,有鉴于国内创新能力还处于社会主义初级阶段,我们在国内能看到的此种众筹多有模仿和山寨,真正的新锐创新比较少见,这种现状与国内的众筹支持者普遍水准较低是完全吻合的。普通中国人学会家庭理财只不过是最近几年的事情,他们的投资观念一直表现为两个奇怪的极端:一方面非常投机,另一方面又极度害怕风险。这导致投资人不太愿意掏出自己的真金白银去支持一些创新性的实验，他们更愿意把钱投资在所谓"靠谱"的事情上。

不过，在这个领域也有少数风头很劲的"英雄"。比如，著名的小米手机，作者认为小米从起家的 100 个用户，到现在"屌丝神器"的地位，就是奖励众筹的经典案例。在这个领域，没有第二个人能比雷布斯更好地运用众筹之手，将广大粉丝的智慧、口碑、传播、金钱轰轰烈烈成功众筹到一个产品上。

换句话说，众筹的作业大家都在抄，雷布斯却是抄得最好最用心的。

二、募捐制众筹

网络上有段子说，人世间最古老的众筹叫作"乞讨"。

没错，乞讨也是爱心募捐的一种方式。伟大的如红十字会，各种公益基金、公益组织，长久以来做的事情就是爱心众筹。这貌似没有太多可说的，唯一需要的就是吐槽：为啥我们的爱心募捐一直在走煽情、亲情、爱心绑架路线，谁说公益募捐就得是苦情戏呢！

在这方面，我们实在需要借鉴美国人的娱乐精神，愣是把一个恐怖疾病"渐冻人症"爱心募捐在全球范围内搞成了娱乐节目，广大"草根"们一边疯狂传播比尔·盖茨、扎克伯格、小布什、周鸿祎、李彦宏等名流"大咖"们的落汤鸡照片，一边设计着怎么把自己淋成落汤鸡，嘻嘻哈哈地就把大把资金募集到手了。这绝对是公益领域的经典案例，注定将被载入史册。

由于本书第五章会有单独案例讨论这个项目，故在此处作者便不赘述。但值得一提的是，"乞讨"虽然不需要牌照，公益众筹在中国却是需要牌照的。

三、债权制众筹

话说，债权制的众筹实际就是2013年中国烧红半边天的P2P（伙伴对伙伴或对等联网，Peer-to-Peer，缩写P2P），是民间借贷的一种互联网制表现形式，但又不仅仅如此。此种众筹，在中国起身草莽，现在却已经有了明确的正规军，如平安集团旗下的陆金所，再如此领域里的资深前辈宜信之类。

P2P是互联网金融里典型代表，虽然是众筹的一种，却堪称众筹的师长。因为P2P的昨天就是众筹的今天，时至今日，P2P依然没有明确立法方面的制度，只有业界的四条红线，如不能做资金池，不能自我担保等。裸奔的P2P在2014年8月，在深圳终于有了第一个非法集资审判案例，让很多人周身发冷，生出退避三舍之心。

每一个新的领域出现，总是有先驱者、浑水摸鱼者，也总是有正行自律者。P2P这个行业发展至今依然朝气蓬勃，所靠的正是那些拥有行业自律精神的企业和创业者，他们护航和引领这个行业前进。

很早时候，我们看到媒体对平安陆金所的采访报道，就在强调其风险控制机制和平台评估机制。作者常常在演讲中与众人分享，所谓"互联网金融"，虽然"互联网"是这一新兴行业的缔造者，但真正让这个行业稳健远行的却是"金融"的基因。一家做P2P的公司，势必携带金融的DNA，这样才不会出现资金链断裂、老板账户充当平台账户这类伤害整个行业的事件。

四、股权制众筹

股权众筹久已有之。实际就是招募合伙人，共同完成一项大家都感兴趣的事业，而体现形式就是股份公司或合伙公司。

此种众筹在所有众筹类型中更具备风险投资的属性，认筹者获得的虽然是股权，即拥有股东待遇，享有分红权，但也很有可能以上的一切权益分文不值。不过，这并不重要，与传统风投、天使投资、PE之类不同，股权制的众筹有种将创业者从投资机构手中解放出来的意思。以前那种写个商业计划书四处找机构"扎钱"的路数已经不流行了，众筹可以让创业者解脱出来，在一个完全公共的平台上陈述自己的理想和构思，只要这事业能够吸引人，便陡然有了种"振臂一呼应者云集"的英雄气概。

只不过，股权众筹毕竟是一种风险投资行为，所以此种众筹应做必要的信息披露，同时应对认筹人做一定的筛选。让不能承受风险的人，进入一项风险游戏，将是一个莫大的麻烦。

股权众筹在实际操作中，将更多依赖法律。所以详情如何，哪些晋级，可以参详本书第七章中关于股权众筹风险的分析。

第五种众筹到底在玩什么？

目前，在国内其他网站上很难寻觅"第五种众筹"的痕迹，但我们通过"度娘"（百度）可以发现，明确提出这种众筹的仅有北京特交所旗下的众筹网站：领筹网。该网站是今年众筹界异军突起的新秀，11月间挂在平台上的几个项目便是第五种众筹模式。

何谓"第五种众筹"？

搜索结果显示，"第五种众筹"大号为"经营权的收益权众筹"，简而言之，众筹的是某一特定标的的收益分享权益。这个业界其实也有很多种玩法，比如，平安好房 100 美金众筹海外房东，100 美金显然买不到海外房产，买到的只是海外房产的收益权，即定期分享该房产的房租收益。又如，万科在苏州众筹＋拍卖模式卖房子，掏 1000 元人民币即可拥有该房产六百分之一的收益权，房子按照市价六折众筹，5 日后七折拍卖，所有参与第一轮众筹的认筹人都可以获得拍卖差价，即收益权。再如，领筹网上关于光伏太阳能板的众筹，也是另外一种典型的收益众筹。认筹人通过支持 1600 元，即享有一块光伏板长达 25 年的收益，即所谓"晒着太阳也能赚钱"。

在众筹的种种模式里，第五种众筹可谓玩得最为愉快，花样最是翻新。那这收益权众筹到底在玩什么呢？内部机理又是如何呢？

是股权和收益权的分离吗？

如果我们非要从现有的公司制度上去理解，收益权众筹更像是拥有股东分红权而没有股份的另类"股东"。这种"股东"的分红是在购买时谈妥的权利义务，不会像真实股东一样，有时公司赚钱倒未必能分红。因此，这种"股东"身份表现得非常清晰明确。如领筹网金百万餐饮众筹案例，认筹者不是股东，却可以按照店面流水 6% 分享收益。另类"股东"的实际权益，是在公司机制上把股权和经营权剥离开来，单独将经营的收益权进行了细化。既可以看成股权和收益权的分离，也可以看成是剥离了决策权的股权。对于公司直接融资来说，无疑是一种巨大的创新。

这种创新，借助众筹发展起来的时候，又绽放出独特的光芒。

众筹者在采用收益权这第五种众筹时，除了收益黏性，更会嫁接作为顾客的消费黏性和作为投资者的主人翁黏性结合在一起，使得众筹者将一群消费者变成投资者，又将投资者变成消费者。

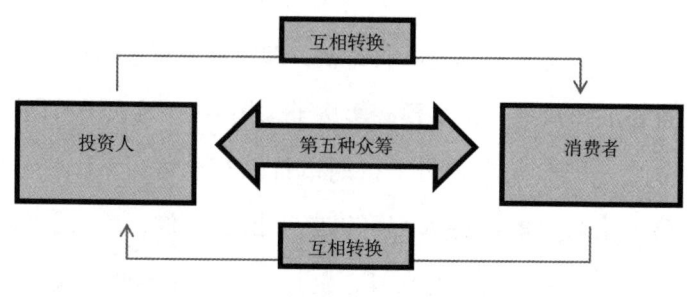

图 4-1　第五种众筹模式

所以，第五种众筹在很多时候会吸引服务行业中的企业加入进来。对于他们来说，客户在消费者和投资人之间的转换更加方便，也更有这种需求。比如，有一家做儿童教育的连锁机构，就正在设计这种众筹，通过将客户也就是小朋友的家长变为投资人的方式来锁住消费，让这些另类"股东"们处于自觉自愿、积极宣传该连锁机构服务，推荐新客户的主动销售及品牌维护状态当中，最后又把收益所得变成小孩子的"成长基金"。这也是最好的客户参与经营方式，是升级了的粉丝经济。

第五种众筹是"拯救者"吗？

经营权众筹最大的特点，是有效保护了公司的股权。

传统创业"苦逼"（艰辛）公司的发展脉络无非如下：

创业公司一直以来依靠卖股份续航，这宛如一个人靠卖血活着一般。

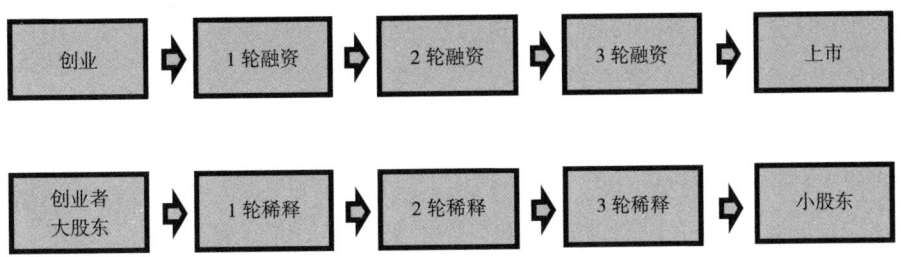

图4-2 传统创业公司发展脉络

小公司通过层层融资，找到了钱，却丧失了公司控制权。伟大如乔布斯，当初被卖可乐汽水出身的斯卡利赶出苹果，造就了乔布斯人生路途上最大的"滑铁卢"。乔布斯虽然是创始人和精神领袖，但却不拥有公司绝对控制权。"乔大神"在苹果持有股份最高时候为11%左右，被放逐后他一气之下将所有股份出售，后再次"王者归来"回到苹果，股份只占到1%。每个闪耀大神巨大光圈背后，都是一个"可怜"的小股东。可能正因为如此，在西方世界企业家群体中，更加强调企业的社会属性，他们暗示这些艰辛的创业者们，这些企业其实都是社会的，你无论是小股东还是大股东，都是在为社会创造价值，都是荣耀正值的人应当做的事情。

我们再把视线投向华尔街。2014年，阿里巴巴于美国当地时间9月19日在纽交所正式进行IPO（首次公开募股，Initial Public Offerings，简称IPO）。股票交易代码为"BABA"。阿里IPO的承销商们行使了超额配售权，使之正式以融资额250亿美元的规模成为有史以来最大的IPO。一时之间，马云成为全球范围内的互联网英雄，由他一手缔造的阿里帝国，成为中国本土（尽管该公司注册在海外，但客户、市场显然都在国内）互联网企业集大成功之典范。

面对如此庞大的IPO，世界投资人的"打新"（购买新股）盛宴，在中国根据媒体披露的信息，大概有超过100支基金组织前往美国"打新"，却颗粒无收，铩羽而归。顿时国内金融界怨声载道，纷纷反思为何国内证券市场无法留住这样的高优质公司。就在我们一片扼腕叹息的时候,阿里巴巴独自伫立风中,潇洒无比。

但在此辉煌之前,阿里巴巴却也有过了被港交所拒绝的尴尬经历。港交所为何不接受阿里巴巴,眼睁睁放过这一"大单"?港交所总裁李小加和阿里马云为此还两地隔空喊话,切磋几轮,马云终究被港交所拒之门外。原因何在?

图4-3　阿里巴巴集团创始人马云

马云能以小股东的身份坚持"合伙人"制度牢牢掌控阿里控制权,确实乃大神所为。但大神之外的芸芸众生,如何能始终保持对公司的控制权呢?收益权众筹是他们的出路吗?!

公开资料显示,包括马云在内的"合伙人"上市前仅持有阿里约10%的股份,美国雅虎、日本软银则分别拥有其约24%和36%的股份。业内分析人士表示,在这样的股权结构下,马云等人设计出"合伙人制度"是为维系其对公司的控制权，以避免出现乔布斯被驱逐那样的悲剧。

然而坚持原则的港交所不能接受马云这种"合伙人制度"，港交所的原则是"同股同权"，无法对阿里打开大门。这才是马云绕道去纽交所上市的真正原因。

不卖股份，无法融资，企业就无法发展；卖股份，虽然能完成融资，最终却会失去这家企业，这既是摆在所有创业公司、发展中公司面前的问题，也是梗在企业家心头的一根芒刺，夜半疼痛，辗转反侧。

那么，这不可承受之痛必须承受吗？也许不用。

第五种众筹解放的收益权，就是对股权的一种巨大保护。企业在谋求发展资金时，可以选择让支持者分享未来收益，而不是股份。这一模式如能大面积推广，将是对创新型企业、中小企业、发展中企业一次无比伟大的解放。

只会卖股权的公司，不是好公司。股权和收益权可以交替在融资过程中完成续航，当一个公司新创，业务还未经市场考验，尚属风险投资阶段，可以做股权众筹，招募同样具备冒险精神和风险承受能力的合伙人；当新公司逐步步入正轨，收益稳定，向前扩张时，引入收益权众筹，保护公司股份；等到跑到第三轮，公司真正的市值做大，需要大资本进入资本市场玩耍时，就可以从容拿值钱的股份去谈判了。这时，稀释小小的股份，便可换来大大的融资。

第五种众筹，当然不是超人那样的地球拯救者，但确实可以对一家公司资产做到结构化保护。同时，它也是政府长久号召但一直未曾完全建立的"直接融资"的有效实践。在 2014 年的 APEC（亚太经济合作组织，Asia-Pacitic Economic Cooperation，简称 APEC）会议上，习近平主席多次强调对企业的改革，解决企业融资发展困境。收益权的众筹，或可成为其中一个重大课题和方向，有待于我们后来者一起去实践、创新。

活泼严谨向前跑

我们要相信,每一种制度都并非完美;每一种制度,都不能解决所有问题。因此,无论是奖励制、募捐制、股份制、债权制还是收益权制,每一种众筹都有长项和短板,都有自己的规则和制度。

第五种众筹,即收益权制众筹是区别于其他众筹制度的独特方式。目前,业界只有领筹网为收益权制众筹建立了相对完善的制度,而这些制度的特别之处又具体体现在以下几个方面:

一、保荐人制度

保荐人是援引自证券市场的机制,领筹网可以说是众筹世界中唯一引进交易所级别制度的一个平台。只不过对于欣欣向荣的众筹行业来说,保荐人并不像证券市场那样严格。从本质上说,保荐人有两个重要功能:其一,给众筹企业或个人做尽职调查,以保障众筹产品或项目不会出现虚假诈骗等极度不靠谱行径,同时也针对企业众筹标的物,进行相应程度的审核;其二,为众筹活动出具法律文本,如投资人和筹资人之间的协议。

保荐人作为第三方机构,扮演着公开公正为众筹披露信息的角色。信息的不对称,一直是投资风险产生的重要因素,领筹网制定这样一个制度的初衷,也是让众筹这个"少年"公开透明的有效制度保障。

众筹虽然是活泼地处在愉快玩耍阶段,但投资界始终奉行的是冷冰冰的交易原则,多情未必有情,无情有时才是真情。

二、风险控制退出机制

据了解，领筹网平台完整的运营团队脱胎于北京特许经营权交易所，所以他们相当注重每个众筹项目的风险控制和退出机制。

风险控制的方式是多种多样的，比如，该众筹平台上线的首个光伏太阳能众筹项目，就有担保公司进场担保。而金百万餐饮众筹项目，则是集团总公司为旗下分公司做全程担保。

收益权众筹若不能解决公信力问题，是很难走远的。即使如平安旗下好房网海外产品的众筹，在上线以后也紧急启动了带有"担保"实质的一个声明，该声明段落大意就是：平安集团为好房网海外众筹产品做全程担保，如出现任何问题，平安集团全权负责。众所周知，平安是中国全牌照的金融集团，有平安罩着，百姓们掏钱自然心安不少。

担保，作为风险控制的措施之一，自然会为项目增色不少。但是，在金融或者资金回报型项目实践过程中，担保或者说担保公司显然不全是风险控制的必要条件。

风险控制的本质到底是什么？这是一个很严肃的问题。难道有担保的项目就是没有风险的项目吗？这个问题基本违背了投资定律。一切的投资都是有风险的，风险控制的初衷是为了保障项目的真实性，让适合各级别风险的投资者去选择适合他们的投资产品，而不是包装一个貌似百分之百有保障的项目来忽悠大家的钱。

所以在有些收益权众筹中，我们看到的不是担保，而是风险告知和退出机制。合适、合理的退出方式，是其理性地给了众筹参与者完整的判断、选择机会。进门和出门都非常明确，这也是一种风险控制。

三、投资者适当性制度

如果说投资，其实储蓄也是投资的一种形式。

从储蓄到余额宝之类货币基金，从股票证券到风险投资基金，不同的投资形式所带来的回报和风险也都是不一样的。回报越高，风险越高，如证券和期货，可以让一个人一夜暴富，也可能一夜破产；而在另一端，回报越低，相应的风险也越低。这种投资既不会暴富也不会破产，但也只能过日子而已。

因此在投资的世界里，我们不是对风险望而却步，而是应该对投资者进行适当性教育，让愿意冒险也有能力冒险的人去参与那些高回报、高风险的众筹，让风险承受能力差、保守型的投资人去参与那些风险低但回报也低的众筹。

这一制度在金融机制比较健全的资本主义国家都已非常成熟，但对于处在社会主义初级阶段的我国来说，投资人的分类、教育、理性回归，还是任重道远的事情。因为投资者的适当性要跟全社会征信系统挂钩，在征信还很初步的现阶段，我国对投资者的筛选和教育尚停留在相对原始的时期，仅有部分众筹项目或P2P网站在做初步试水。比如，某些产品在认购时，网站平台为了尽到筛选职责，只允许年收入达到一定水平的会员进场，而这一点也非常符合国际众筹监管的趋势。再比如，美国的《JOBS法案》，即用立法的方式规定投资者参与众筹总额不应超过10万美元。

收益权众筹，自然不完美、不成熟，正如众筹本身一样，但是众筹也像许许多多的新事物一样，从"少年"走向"成年"。在这其中，会有精彩，会有问题，会有"少年众筹"的烦恼，但这就是成长，既要活泼又要严谨，然后就长大了。

从第五种众筹谈资产证券化

中国经济真正的崛起,应该是金融的崛起。因为金融是资源配置的高效方式。而建立多层次的资本市场,是中国经济金融结构健全的一个必定到达的目的地。

如果以目前相对成熟并形成梯队的证券市场来举例,中国基本已经初具结构化层级化的市场模型。

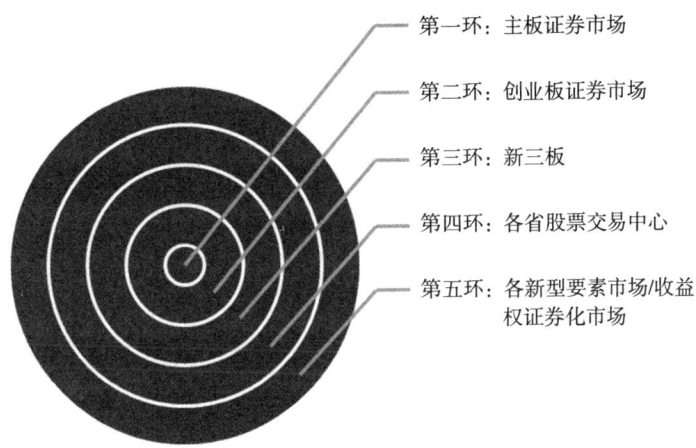

图4-4 中国证券市场

如果用五个叠加的圆环来表示目前中国证券市场的话,处于核心的第一环自然是主板证券市场,最牛企业聚集地;身处第二环的则是代表新型行业和未来产业明星的创业板证券市场;第三环,是目前大力推广的新三板即"代办股份转让系统",这个板块流通性类比前二环,流通性和市盈率都大大降低;到了第四环,门槛就更低,也更具有地方特点,融资能力当然也随之下降；而第五环，作为本部分重点，它极有可能成为未来之星。虽然这一板块列在了距离核心最遥远的五环上，但却也是外延最广大市场企业容量最多的区域。

那么，在第五环上究竟活跃的新型要素市场是一支什么样的队伍呢？

跟前面四环不同，前四环都是公司总资产以股权证券化为集中表现形式的证券化，到了第五环，证券化的范围从单一股权当中解放出来，形成了独立分割的企业优质资产证券化，其最大特点就是把优质资产完整剥离，通过专业化操作，进行资产抵押、分拆、交易等，使这些资产发挥更优质的作用，得以在市场间自由流通。

所谓第五种众筹，其核心本质可以看作是一种权益的资产证券化，它也是有别于传统金融体系的一种新型资产界定。在传统金融界，房产、土地、汽车、机械等，这些有形的东西更能代表资产，如银行抵押，最优质的资产过去20年基本上就是房产和土地。但现在经济转型，房市下滑，是应当为资产寻找更优质出路的时候了。除了不动产，我们还有什么？

各种无形资产，也就是权益。比如，经营权的收益权、知识产权和公共事业的特许经营权，都是无形但极具价值的资产。第五种众筹所活跃的范围也基本上集中在以下三个领域：

第一，经营权的收益权。

前述列举过商业特许经营模式中收取加盟金的收益核算方式，这就是收益权的一种。众所周知，加盟一家肯德基是可以实现长期盈利的，那么肯德基授权加盟的这个权力，就可以看成一种收益权，从而进行证券化的设计。

还比如本书第六章中所提到的前三个案例，都是收益权的典型。

第二，知识产权的收益权。

伴随中国从"山寨"大国到创新大国的转型，对知识产权的相关法律约束会越来越强，比如，电影我们不能随便看了，而必须开始为它的知识产权付费了，这就是市场未来发展的趋势。在这个领域中，商标、专利、版权都算是传统知识产权，新型业态则已经覆盖了现在最热门的 APP、网络游戏、动漫等。

本书的策划者曾经设想，将网络游戏的知识产权做成一个独立、可交易的收益权产品，主做小游戏。因为小游戏投资少，周期短，我们做一个爆款产品收益会达到几百倍以上。然而其中的问题也是显著的，该行业被少数门户平台牢牢控制并摄取最大利润，同时它的成功概率偏小，我们做出一个爆款，如同在买彩票。所以在本书截稿时，策划者在这个创意上仍旧没有找到付诸行动的突破口。

第三，公共事业的特许经营。

这一领域带有浓厚的官方色彩，如市政工程，再如一些受到政府严格管制的行业，如福利彩票销售之类。这些未来预期较好的权益，其本身就是一种资产。

在成熟的金融社会中，应该为每一种资产提供资本化、证券化的通道。收益权的证券化，在国外早就不是陌生的话题，成熟乃至过于成熟的金融产品甚至都成了金融危机的罪魁祸首。从经济危机中，我们就可以看到中国与金融发达国家的差。当然，在此处万万没有羡慕它们金融危机的意思。

只不过，历史不管我们是否期盼，伴随经济的发展，资产自然都会从有形之物向更加高级的无形资产演进。收益权的证券化，或许会通过第五种众筹实践出更接地气的模式，从而为中国经济打开一扇崭新的大门，解放数以万计的企业，让资产更加自由地流通。

第五章

他们,是如何成功的?

　　众筹的螃蟹,有的小巧玲珑,有的膘肥体壮。但是每种被吃的第一只螃蟹,都被吃得花样翻新。

　　众筹,既可以是一次经济事件,也可以是一次行为艺术。

平安好房海外众筹的秘密

海外众筹的第一只螃蟹怎么吃？

2014年8月18日，中国平安旗下的平安好房网推出中国国内第一款海外购房众筹活动："100美元当美国房东"，引来众多网友围观。

对于国内首个海外房产众筹项目，平安好房设定的众筹周期为30天，目标金额为100万美元（约615万元人民币），单笔最低购买份额为100美元，最高限购10份。如果在众筹期内完成目标金额的筹集，则该项目成立并运营，投资者就可以开始"收房租"——预计4%~5%的年化收益。除了房租收益外，持有2~3年后，通过出售增值的房产，还能获得另一笔收入。如果最终项目不成立，平安好房将把所有款项退还给众筹参与者。

线上+线下，热火朝天

截至9月12日，该众筹项目完成了100万美元（约折合人民币615万元）的众筹目标。据悉，此次众筹共有5809位参与者，并较原计划提前一周"售罄"。该项目不仅创下了短时间内海外众筹募集成功的纪录，而且众筹参与人数之多，也成了国内房产众筹领域的新标杆。

作为"海外众筹"项目的策划者，平安好房 CEO 庄诺表示，这几年海外置业非常火热，许多人虽有意向，但因不了解也无渠道了解海外市场、海外买房流程、海外租金税费等专业知识而止步不前。所以，平安好房把众筹起始投资金额降到最低——100 美元。这样的低门槛设置能让尽可能多的普通消费者参与到众筹项目中来，体验海外投资的乐趣，并由此加深对平安好房的认知，提升用户黏性。

为了充分挖掘互联网众筹的社交价值，该项目还设立了公开的微信讨论群。所有参与众筹项目的用户，都能自由讨论并集体投票决策"房子如何运作""卖房的最佳时机""何时组团去看房"等问题。平安好房作为此次众筹活动的发起方，还会不定期组织众筹参与者到海外考察。

专家剖析：毫无创新

平安好房——横跨"互联网+房产+金融"的创新平台，以海外众筹为噱头，通过"线上众筹+线下交流"的方式，的确火了一把。然而就目前平安好房呈现出的模式，专业人士曾直言不讳："没有任何元素是独创的，并没有革命性的创新。如果房产中介行业这么容易打倒，就不会等到平安今天来做。"

在网上卖房这桩生意上，平安好房打算既要做房地产界的天猫——帮开发商卖新房，也要做淘宝——个人之间的二手房交易，然而在运作手段上却并没有革命性的创新之处。若要获得抢购资格，需先充值 2000 元；平安好房给出的 1 万元补贴，并非发给购房者，而是从房屋总价中减去 1 万元；贴息也同样是从总价中扣除。而这模式是搜房网、新浪乐居等房地产电商惯用的伎俩。何况在平安好房之前，工商银行等金融翘楚也就网上卖房这一课题进行过多次尝试，但结果均是波澜不惊，未能颠覆房地产业的传统模式。所以平安好房在与地产中介、房产电商的贴身肉搏中，无论从模式还是从出身，均没有得天独厚的优势。

另外，从房源上看，国内市场中，它的房源、折扣与其他房企电商无异，网上布局与58同城及赶集网并无二致。它的二手房和租房的页面仅存活了一天。第二天，就变成了正在维护中；到了第三天，此前发布的信息已经全然不见，页面改成"即将上线，敬请期待"。国际市场中，它与RE/MAX国际大牌相比，显然微不足道，更何况国内外的房产政策相差甚远，加之房屋标准不一，新品牌要想顺利拿到优质房源，也并非易事。

背靠大树好乘凉？

平安好房的背后，是平安集团全牌照的金融资源。有人曾设想，平安人可以在卖保险的过程中收集房源，同时平安好房团队还将开发租售保险产品。但平安好房是否能调动平安保险，以实现"全员卖房"，是个巨大的疑问。

据《南方周末》分析，这一任务看起来也有些波折，因为他们目前难以调动集团的其他资源。

"以现在的房贷市场来看，其他银行是基准利率，只要平安银行能打出九五折，贷款人就会一拥而上，并不需要平安好房吸引客户。"前述房地产中介公司的高管说。但在"5·20购房节"上，他并没有看到平安银行能提供贷款优惠。

平安银行的一位人士，则对此不以为然："平安银行损失的利润谁来贴补？亲兄弟也要明算账。"

事实上，无论是平安好房还是其他的互联网金融板块，实现集团各业务板块之间无障碍联通、产品和数据的共享，平安还有很长的路要走。

"德国战车"般的金融优势

首创集团总经理刘晓光曾就此指出:"好房网真正的立足点,可能来自于集团的综合化金融优势,从购房者的金融需求开始渗透,这才有跨界制胜的竞争力。"

亦如平安好房的管理层对外宣称的,通过新房低价、二手房免收中介费来吸引客户资源,然后通过平安付、平安银行、平安大华基金、平安信托等兄弟公司,来接入按揭贷款、货币基金等平安相关金融产品,这才是"平安好房"的盈利模式。

据悉,在2014年年初,平安集团就把"互联网+综合金融"的管理模式,比喻成一辆呼啸而来的"德国战车"。陆金所、平安付、平安好车、平安好房、健康险等互联网金融板块,构成一把进攻的尖刀。平安把互联网金融放在"突前前锋"位置是因为:其一,要能快速反应,迅速捕捉市场机会,不断创新,寻求业务上的突破;其二,要求能将球回传给传统业务,通过互联网的海量获客和高频互动,从生活到金融,实现客户挖掘和价值提升,反哺金融。

也就是说,"医食住行玩"都要成为平安金融的入口。对于平安好房而言,海外购房众筹活动"100美元当美国房东",或许只是个噱头。成为一个入口,才是他们真正的使命。

"好房"披露

因平安好房对此项目的信息披露程度有限,一时间众猜纷纭,金融、法律等各界大佬褒贬不一,争论不休。据悉,上海金融局为此紧急召集平安高层进行了约谈。

时至今日,平安好房——海外房产的公众平台才进行了深度披露,一切也就逐渐明朗起来：卖方正在准备买卖合同，准备合同的时间约为 1 个月；海外众筹所筹集的资金正在汇到香港公司，香港公司准备收购房产；产权交割结束的三个月后，可以看到账户会有租金回报到账；海外众筹的收益牵涉到汇款手续费问题，为了保证投资者的收益最大化，众筹的收益将一年返还一次。

为增强信息披露，平安好房还将配合官网频道开发，便于投资人及时明晰收益明细、购买历史、项目进展等情况。

阿里系的"聚土地"

"聚土地"打造私人农场

2014 年 3 月，淘宝推出"聚土地"电商项目，该项目是由浙江省供销社直属企业——浙江兴合电子商务有限公司、阿里巴巴集团聚划算平台、绩溪县庙山果蔬专业合作社等单位在安徽省绩溪县联合实施的。它创新性地将土地流转与电子商务结合起来：农民将土地流转至电子商务公司名下，电子商务公司将土地交予当地合作社生产管理，淘宝用户通过网络进行土地使用权认购成为"地主"，定期获得实际农作物产出，并可获得现场旅游和住宿的附加体验。

"聚土地"项目首期推出 3 种 1 年期套餐，分别是价值 580 元的 1 分地套餐、2400 元的半亩地套餐和 4800 元的 1 亩地套餐。具体如下：

1. 580 元预约有田地：1 分（66.6 平方米）5A 级联合国示范区农田 1

年使用权，每2周一次快递您的新鲜时蔬＋土鸡蛋（价值930元）；

2. 2400元预约有田地：半亩（333平方米）5A级联合国示范区农田1年使用权，每2周1次时蔬＋每月1次新鲜大米、土鸡蛋（价值4700元）；

3. 4800元预约有田地：1亩（666平方米）5A级联合国示范区农田1年使用权，每2周1次时蔬＋每月1次新鲜大米、土鸡蛋（价值9400元）；

4. 以上预约还有礼。VIP年卡A：古民居农家乐全年免费住宿卡（价值3000元）；VIP年卡B：龙川、仁里、湖村全年免费旅游卡3张（价值600元）。

据悉，该项目上线不到3天，订购人数超过2500人；截至目前，全国共已有3560名用户通过"聚土地"认购了土地，认购面积达430余亩，市场火爆程度可见一斑。且半年不到，"聚土地"团队的土地电商项目更是获得A轮融资2500万元。

经证实，按照项目运营方的规划，下一步将重点着手试点推广，在安徽黄山、浙江衢州、新昌、诸暨等地进行分类操作，预计将流转土地高达5000亩。"聚土地"让更多的人通过众筹的方式参与进来，成为"私人农场主"。

"私人农场"只是噱头

其实，通过现象看本质，不难发现，土地不过是众筹项目的宣传噱头，土地的使用权根本没有落实到认购消费者的头上。根据国家土地管理局令（1992）第1号，《中华人民共和国城镇国有土地使用权出让和转让暂行条例》精神，土地使用权的转让、出租、抵押活动，均需接受县级以上人民政府土地管理部门的依法批准并办理土地使用权出让手续。同时根据我国《农村土地承包经营权流转管理办法》的相关规定，农村土地流转的受让方应当具有农业经营能力，且土地的流转应当签订书面协议，并将该协议交由发包方和乡（镇）人民政府农村土地承包管理部门各备案一份。然而，在该项目的运作中，农民将土地流转至电子商务公司名下，土地使用权停留在了电子商务公司层面——当消费者认购所谓的土地使用权时，既没有签署相关土地承包经营权流转的协议，也没有按规定向当地土地承包管理部门依法备案——换言之，从法律关系层面上讲，土地使用权并没有流转到消费者手里，消费者获得的只是电子商务公司土地上的某一种特定商品。

所以，认购土地使用权，做私有农场主，只不过是项目策划者利用消费者对土地这种生产要素的渴望及互联网交易这种新型时尚购物模式的好奇，而进行的一种偷换概念式的包装宣传手段而已。

"团购+预付"：老套路的新作为

该众筹项目实质上就是通过"团购+预付"的方式进行的农产品定制。对消费者而言，提出农产品种类需求，然后支付全部价款；对于企业来说，进行农业生产之前先拿到产品的预收款，然后按照消费者订单进行指定农产品的生产，这与普通的商品预售并无本质差别，只是因其借助了互联网销售平台，使得农作物这种受地域限制较强的产品可以突破原有的一些限制。这种方式在一定程度上促进了农作物的流通，减轻了农民的销售负担，但其对土地流转的刺激作用只能通过市场对农产品的需求间接实现。

当然，"聚土地"众筹模式，对于农村闲置土地逐渐增多的大环境来说，可以有效避免耕地浪费，提升土地使用率，促进农村集体土地发展多种形式的规模经营，还能够带动当地旅游、餐饮、物流等关联第三产业的发展，增加当地农民就业，提升收入；最主要的还是能够切实解决食品安全频发问题，满足消费者对绿色健康蔬菜瓜果的迫切生活需求。

整体而言，"聚土地"众筹是一个能够真正实现投资方、当地农民、农民专业合作社、淘宝用户等多方共赢的创新型模式。

潜在风险需警惕

不过，"投资有风险，入市需谨慎"。毕竟"聚土地"众筹项目土地使用权认购的宣传与"农产品定制"本质是相去甚远的：按照该产品的宣传，消费者首先预约一块土地的使用权，并获取该土地的全部产出，商家定期将农作物快递给消费者。然而在实际操作中，商家是否能够在消费者指定的土地上种植指定的品种，事实上很难证明，也很难监督。同时，土地上的产出是否全部都给了特定的认购者，也是一个很难量化和监督的问题。在消费者对于这种打着"土地众筹"噱头的定制产品尚有新鲜感的情况下，问题似乎不会显现，而一旦消费者热情退却，上述的法律问题可能会引发相应的法律纠纷。

在一八九八咖啡馆品众筹咖啡

3W 咖啡及其他

众筹模式在咖啡馆领域首开先河，是从基于互联网圈子的 3W 咖啡。很多人是从 3W 咖啡才知道有个众筹模式很好玩儿。2012 年，微博方兴未艾，许多著名人士热衷于玩微博，3W 主要是通过微博招募原始股东，花 6 万元钱就可以成为一个咖啡馆的股东，同时还可以结交更多人脉和业务交换,未尝不是一件好事。很快,3W咖啡聚集了一大帮有名的投资人、创业者、企业高级办理职员,此中包罗沈南鹏、徐小平、曾李青等数百位大咖,股东阵容堪称豪华。3W以咖啡为载体,不停扩大交际圈,塑造孵化器和通报创业的运营模式渐渐形成。

央视对3W咖啡进行了新闻报道,引爆了3W咖啡的行业影响力,也助推3W走上了连锁运营模式。短短几年,3W首创人许单单塑造出了一个著名的跨界品牌,开创了咖啡馆的创新,完美演绎了众筹模式。

对于大多数普通人来说,有的只是闲置的小额资金,创业和当股东几乎是痴心妄想。但是3W咖啡的众筹模式,让小额天使们开始摩拳擦掌,众筹咖啡馆几乎遍地开花。比如,由66位北京红衣美女股东众筹的"Her Coffee",广州90后大学生创业的"比逗BEPOTATO"咖啡,杭州西湖区跑马场路上的"聚咖啡",东莞"很多人"咖啡等。

一八九八咖啡诞生记

当下最热的咖啡馆非"一八九八"莫属,它是国内首家校友创业主题咖啡馆,被称为"众筹策源地"。2013年10月,在北京大学东门外中关新园盛大开业。"一八九八",源自北京大学建校时间,桌号以博雅塔、未名湖等命名,咖啡馆内处处体现着北大元素。

杨勇是北大金融数学系97级本科校友,是北大校友创业联合会秘书长,现在则是一八九八咖啡的董事长。当初,校友联合会每年要举办100多场活动,一场场活动办下来,"就觉得挺不容易的,始终都没有自己的地盘,迫切地需要归属感","让大家有一个活动的地儿",这是杨勇等校友会创办者最初的想法。

为校友们办事情,也希望筹办资金能来源于他们。杨勇对校友说:"我们要开一家咖啡馆,大家一人出点钱,有自己的一个地方。你们每年都得接待别人，把钱放在一起，我们自己来接待。"杨勇的意思是"这笔钱是你本来就要花的钱"，所以，"大家都没有得到回报的预期"。在考察了其他咖啡馆的运营及协会等组织的运作方式后，杨勇逐步完善了要开一个咖啡馆的构想。咖啡馆得到了北京大学校领导、中关村管委会以及各界校友的支持，充分彰显了咖啡馆的高起点开端以及调动校友资源的能力。

小圈子和大平台

众筹：筹商，筹智，筹人脉。200名会员校友中，120名是核心成员，每位会员需缴纳3万元人民币的会费，获得等值消费卡可在店内消费。平等的每人3万，形成了很科学的去中心化组织结构。50名各行各业优秀校友为辅助，再精选30位各行业的成功企业家会员。这样的安排确保校友在创业过程中所需要的各种人脉渠道，让咖啡馆成为一个"小圈子、大平台"的创业帮扶基地。

北大各个院系专业有100多个班，每个班只能精选一名会员众筹入会，不能重复，这样就形成了一张人际关系的大网，覆盖了整个北大的校友群，想找到任何一个班的毕业校友，都变得轻而易举。

200位联合创始人所在的行业涉及金融、移动互联网、新能源、新媒体、教育、法律、高科技等多个领域，基于此得天独厚的优势，咖啡馆可以最大限度地为校友提供创业各阶段所需要的资源。其试图打造一个校友创业生态链，让校友创业之路走得更加顺利。比如，有创业想法的校友，可以通过咖啡馆寻求早期种子投资，凭借校友间的信任以及感情因素，能够相对容易获得资金支持。

和其他众筹咖啡馆的所有投资人都参与经营决策、管理不同，一八九八咖啡从200位创始人中选11位校友组成执行委员会，管理咖啡馆重大决策。通过新颖的运作模式、优质的服务团队、量身定制的校友活动，为创业校友提供一个既富有理想精神，又极具实用价值的港湾式平台，为每一位北大校友提供一个舒适的聚会场所。

一八九八咖啡的众筹模式，是基于校友的认同感、信任感，通过咖啡馆使校友有归属感，并建立利益链，通过互相合作形成稳固持久的利益关系。除去官方背景的民间组织，诸如咖啡馆等是升级后第二代对创业者的帮扶模式，一八九八众筹咖啡馆自然吸引眼球，也备受期待。

"一八九八"乐开花

开业三天的盛况，让出资人惊喜连连，现场来了1500多人，有北大的校领导，中关村管委会的领导，各个协会的会长、秘书长，各个校友会的秘书长，每个股东也都介绍自己的朋友过来，盛况空前。之后，很多人带着项目找杨勇，要求杨勇帮其设计一下，也希望做一个众筹，他们迫切希望从杨勇及北大一八九八咖啡馆那里汲取更多精髓。通过众筹模式，改变作为个体的他们与产品、行业之间的关系。北大"一八九八"之所以运营还不错的原因之一，就是在咖啡馆成立之初就已经找到了消费者，而且融资的幅度是即使不盈利也能安全经营五年。另外，出资额不多不少，出资人不会太在意，而且觉得物有所值。

一八九八咖啡成功之后，迅速在熟人圈子掀起了一股众筹的浪潮。全球校友拟开的同名分店也在国内外酝酿推进。杨勇又作为首席架构师打造了金融客咖啡，复制和完善了一八九八咖啡馆模式。金融客定位于金融界精英社交网络和思想互动平台，同样成为巨大的标杆案例，同名分店也在筹划中。最近，China Daily用大篇幅报道了该模式。

周年庆与意外收获

开业一年来，一八九八咖啡馆已经成为国内众筹模式的代表和创业校友聚集地，产生了巨大反响。2014年10月18日，值一八九八咖啡馆开业一周年之际，咖啡馆在北大秋林报告厅举办"2014北大校友创业家年会暨一八九八咖啡馆一周年庆典"。会议邀请政府领导、校领导、商界及投资界资深校友、一八九八联合创始人一起分享创业和投资经验。此次活动成为北大校友创业家、企业家、投资人汇聚一堂的年度盛会，成为创业圈的一大盛事。

成立一年来，一八九八咖啡馆举办了超过300场创新、创业相关活动，多位咖啡馆发起人以及校友通过这个平台大为受益，获得融资，丰富人脉，达成合作。这种全新的众筹模式，延伸出了更多的众筹组织，如金融客咖啡、若水合投、佳美口腔儿童口腔医院等等。

佳美口腔是"一八九八"众筹模式的受益者。有30多人参与众筹了佳美口腔儿童口腔医院，两天之内一千万就众筹到账。众筹不仅仅是把大家的资金与智慧聚集在一起，更可以让参与的股东分享经验与教训，避免走弯路。

一八九八投融资俱乐部负责人程斌表示，一八九八咖啡馆给自己带来的改变特别明显，相当于上了非常好的商学院和投资学院，而这些，在外面是找不到的。在投融资俱乐部，他也颇有成就感，先后组织了近80个项目路演，成功率接近10%。

一八九八咖啡不仅是咖啡馆，更是一个孵化器，一个小型的交易所。

众筹咖啡店为何玩不转？

一八九八咖啡还在前进的路上，却已经不断有众筹咖啡馆倒下的消息传来。

杭州首家众筹咖啡馆持续亏钱，有110名股东的"聚咖啡"已经开业一年半，至今未实现盈亏平衡，"很多人咖啡馆"的141个合伙人开始转让他们的咖啡馆，66位海归美女众筹的"Her Coffee"经营不到一年就濒临倒闭……

如果说当下最应景的互联网金融概念，那就非众筹莫属。但作为海外最原始的众筹形态的移植，最早一批兴起的众筹咖啡店却在喧嚣过后，陷入亏损倒闭的窘境。人们不禁要问，众筹咖啡店为何玩不转？到底该如何管理众筹咖啡馆？分析众多案例，结论就是咖啡馆"股东"太多，管理混乱，权责不明晰。

众筹咖啡馆满足了人们很多的幻想：当某个公司的股东，兼职营销，享受优待的消费者，随意参与的临时义工，优雅的环境，低成本高利润，轻体力劳动，社交成本可控，不必在居住地待客，公认的商务聚会场所，股东之间的社交圈，衍生社交圈，永远"在线"的线下聚会，社会身份（角色）的转换，利润有限但亏损也有限且集体承担……但这同时也带来了"灵活"之后的"混乱"，过度自主后的权责失衡，倒闭的后果便"指日可待"了。

拒绝苦咖啡：风险规避

众筹模式因为门槛低、成本低、风险低的优点，被无数中小创业者追捧。然而，事情往往具有两面性，众筹模式利弊共存。众筹被称为"贩卖梦想的生意"的商业模式，除了资金筹集的创新，与通常的创业过程别无二致。如果忽视了创业的本质，没有很周全地考虑清楚市场、盈利、股东退股、转股、分红等问题，创业也许只能是昙花一现，难以为继。

除了上面的经济风险，众筹的法律风险也不容忽视。众筹与非法集资，往往一墙之隔。当前针对200特定人的"红线"，众筹创业一般以股份代持等方式巧妙规避，但这也隐含风险，因为隐名股东没有在工商登记中体现。代持人有可能擅自把股票转让出去，投资人却毫不知情。

一切线下众筹,哪怕发行无数的会员卡来募集客户,都无法掩盖一个事实:有限的时间,有限的空间,如何真的能给每个股东带来众筹体验。就像你买了个分时度假产品,你不想去的时候,那里空着,商家催着你去消费;而当你想去的时候,那里却永远爆满,你只好另谋他处。因此,众筹咖啡、众筹餐饮等需要公开、公平、公正的理念和实时互动的信息对称手段去实践。

图 5-1 一八九八咖啡馆

从 3D 打印机看科技众筹

科技众筹筹什么？

高科技产品是指用于商业目的并且采用高科技和高科技手段生产的知识密集、技术含量大的高附加值创新产品。据世界银行预测，到 2025 年全球众筹市场规模将达 3000 亿美元，中国将达 500 亿美元。而科技创新作为其中最主要的版块，市场潜力最为巨大。当科技遇上众筹，将引爆新一波的科技浪潮，未来推动科技发展的将不再仅仅是三星、苹果、微软、intel 等大公司和科研机构，创客、创业团队在众筹的助力下也将真正参与科技创新、改变世界。普通消费者也将获得更多个性化、创意感十足的炫酷潮品。

众筹，就是筹人、筹智、筹商。科技类项目众筹，已经不是以筹钱为主要目的，获取种子用户、获得传播机会和验证市场需求，成为首要考虑的目的，这也是不少科技产品不是在研发之初就上线众筹，而是在已经研发完成后才走上众筹网站的原因。一句话，不差钱儿！

创业者选择众筹平台更看重曝光和预售效果。现在，包括雷科技在内的科技媒体已将众筹平台作为有潜力的科技开发项目的发现地。雷科技每周会定期梳理各大网站的智能硬件众筹数据，根据这些数据发布众筹报告。

在国内最大的科技类众筹网站"点名时间"，曾经上线的智能硬件项目达到几千个。众筹网站已经从筹款平台华丽转身,以产品团购平台、产品预售平台、粉丝获取平台和产品首发平台的样貌示人。而美国的"Kickstarter"众筹网站却指定一套规则来弱化预售的性质,例如不允许采用接近产品实物的宣传图片。

Kickstarter 于 2009 年 4 月在美国纽约成立,是一个专为具有创意方案的企业筹资的众筹网站平台。Kickstarter 网站致力于支持和激励创新性、创造性、创意性的活动。通过网络平台面向公众集资,让有创造力的人有可能获得他们所需要的资金,以便使他们的梦想有可能实现。Kickstarter 平台的运作方式相对来说比较简单而有效:该平台的用户一方是有创意并渴望进行创作和创造的人,另一方则是愿意为他们出资金的人,然后见证新发明、新创作、新产品的出现。Kickstarter 网站的创意性活动包括:音乐、网页设计、平面设计、动画、作家以及所有有能力创造和影响他人的活动。

众筹模式及法律风险

一个好的众筹,其实就是目标与模式相匹配的过程,因此有人说,众筹模式设计者其实就是互联网金融的架构设计师,直接影响了众筹的成败。玩众筹要确立你的目标和目的,即你想通过众筹做什么:为利益最大化?还是圈子?还是锁定用户和传播渠道?不同的众筹目的影响着众筹模式的设计。

按照科技类众筹的目的,应该选择的众筹模式是回报式众筹。回报式众筹就是投资者对项目或公司进行投资,获得产品或服务。简单地说,就是我给你钱,你给我产品或服务。

什么样的产品适合回报式众筹?能直接产生盈利的产品。比如,一款智能硬件是可以出售给用户的,因为它投资回报周期短。产品不仅是可出售的，而且是可快速出售的，如果你的产品开发周期很长，那么就需要股权众筹。产品是大众产品，用众筹的方式为一款打印机筹集资金是合适的，但用回报式众筹为一种新型化工原料众筹就显然不合适。最重要的，该产品不能害怕被抄袭。当选择回报式众筹的时候，产品将清清楚楚地曝光在用户的面前。而这时如果产品复制门槛非常低，竞争对手有可能在回报式众筹结束之前就完成它们的产品。这时，选择相对私密的股权众筹是合适的。

相对而言，回报类众筹是法律风险最小的众筹模式。但是如果回报类众筹不能够规范运作，融资方发布虚假信息，则可能承担集资诈骗的刑事法律责任。若未达到刑事立案标准，则可能构成非法金融类行政违法行为。

为了避免上述法律风险，回报类众筹需要注意不要触碰以下几条法律红线：

第一条法律红线：严格审查项目发布人的信息、相关产品或创意的成熟度，避免虚假信息发布；

第二条法律红线：对募集资金严格监管，保证回报产品按约履行；

第三条法律红线：众筹平台不要为项目发起人提供担保责任。

如果回报类众筹能够做到上述几个方面，严格恪守法律红线，则可以避开非法集资刑事类或行政类法律风险。

众筹推3D打印机走下神坛

除了那些与日常生活相关的项目，工业设计和生产环节也是不少创业公司的关注点。而在这个方面的项目中，3D打印无疑是最受追捧的领域，因为它可以制造出传统工艺难以完成的形状，而且成本也更低。事实上，众筹平台上制造3D打印机的项目非常多，也出现过不少超过预期目标的项目——不论是针对实验室、学校、设计用的专业级产品，还是给个人尝鲜的入门级机器。

3D 打印，又称积层制造，属于快速成形技术的一种，它是一种以数字模型文件为基础直接制造几乎任意形状三维实体的技术。3D 打印运用粉末状金属或塑料等可黏合材料，通过逐层堆叠累积的方式来构造物体，即"层造形法"。该技术在珠宝、鞋类、工业设计、建筑、工程和施工、汽车、航空航天、牙科和医疗产业、教育、地理信息系统、土木工程、枪支以及其他领域都有所应用。

首先获得成功并被媒体广泛报道的，是 Kickstarter 上的 Form 1 打印机。2013 年下半年，3D 打印机的价格普遍要过万美元的情况下，Form Labs 公司决定打造一台"买得起"的高分辨率 3D 打印机，Form 1 打印机也就是这样来的。3299 美元的售价依然不是普通人能负担得起的，但至少学校、研究生院、实验室等现在可以购买一台或数台这样的 3D 打印机，用于原型制造、学术研究等方面。在 2013 年 10 月下旬，它以 294.6 万美元、预期金额近 30 倍的成绩完成筹款，成品也在转年 4 月份全部发出。

有一些机构以及公司正在努力开发一般家庭负担得起的 3D 打印机。为了迎合广大消费者对性价比高的 3D 打印机的强烈需求，有人适时在众筹网站 Kickstarter 上发起众筹：如果该项目众筹成功，则他们生产的 Micro 以最低众筹价 199 美元即可获得；如果不算早期用户的优惠，最终的零售价也很有可能不超过 500 美元，几乎和一部智能手机价格相当，因此生产商 M3D 公司称之为"第一部真正的消费级 3D 打印机"。Micro 价格低，很大一部分原因在于体积小，它外表小巧圆润，十分轻便，只有 1kg 重量。价格的低廉加上易用性不错，Micro 能否刮起大众 3D 打印热潮，值得期待。

3Doodler 自称是世界上第一款 3D 打印笔，通过挤压笔头将 ABS 塑料喷出，加热并冷却之后就最终成型了，是缩小版的 3D 打印机。这个创意颇受欢迎，筹集资金 2344134 美元，集资目标完成度：813%，集资网站：Kickstarter。

因为售价仅为 75 美元！相比目前售价高昂的 3D 打印机而言，这款就非常具有竞争力了。

国内 3D 打印机众筹方兴未艾

目前，国内的 3D 打印机众筹项目也是方兴未艾。

来自四川的创业团队——成都墨之坊公司带着自己设计的 Mostfun 3D 打印机登上了国内众筹平台"点名时间"，虽然这台 Mostfun 3D 打印机刚刚登上点名时间 6 天，就已经完成了自己设定的资金募集目标的 267%。在国内信用状况如此不佳的环境里，实属不易。该公司在点名时间里推出了 3 款不同的 3D 打印机：试用机、工程机和正式机，其中，试用机价格 1996 元人民币。从当前来看，Mostfun 试用型 3D 打印机堪称国内（甚至是全球）最便宜的 3D 打印机，再看看该公司给出的产品技术规格，确实是物超所值。

上海小伙邵春阳在众筹网站追梦网发起"小伙伴一起 DIY 一台便宜又高性能的 3D 打印机"的梦想，项目发起仅仅半天就翻倍完成 10 万元的目标，最终筹得近 40 万。除了来自本土玩家的支持，小邵发到各地论坛的帖子也激起热烈的反响，港台地区和摩洛哥的订单又增加了 400 多台。该项目的成功有望降低 3D 打印机门槛，让更多人实现用开源打印机发挥创意的想法。

上海徐汇区的某工作室在追梦网上发起"Kossel 800 开源 3D 打印机套件"的众筹项目，已成功筹集 20 多万元，而且只用了半天的时间。这几个小伙子在国内算是骨灰级的 3D 打印机玩家，年纪轻轻，但是很早就已经开始接触 3D 打印机的开源技术。3D 打印比起传统制造业的"减材制造"，其为"增材制造"，具有很多不可思议的新特性和空间。比起家用式桌面 CNC 雕刻机，3D 打印的操作难度不高，适合大多数人学习掌握。一直以来，3D 打印机都被认为是高不可攀的设备，2013 年的时候在国内动辄万余元，即使现在简陋的机型也至少三四千块。降低 3D 打印机的入门门槛和价格，是所有人的期盼。

失败的众筹

对于消费 3D 打印机来说，这既是最好的时代（用户兴趣达到顶峰），也是最坏的时代（品质未能达到预期）。这还是一个强制实验的时代——3D 打印机厂商正在探寻在挖掘大众市场（即高德纳 Gartner 咨询公司所谓的"生产高峰期"）上是否有捷径可走，为此他们将价格强行压低至吸引投机者所能接受的水平，但这不可避免地要在昂贵的零部件成本上栽跟头。

Mota 是最新一家体验到这种残酷现实的 3D 打印机厂商。Mota 在众筹平台 Kickstarter 上发起了一个融资项目，为其"廉价"3D 打印机 Mota 3D 的生产募集资金。为了能吸引足够多的用户，以便实现规模经济效应，有效降低生产成本，该公司将大量 Mota 3D 的价格定为 99 美元，他们希望能获得数百万美元的融资，进而有条不紊地推进这个项目。

在 Kickstarter 网站上发起众筹项目几天后，Mota 便取消了这个项目。Mota 联合创始人凯文·法罗在写给支持者的一封信中称："我希望能以极低的价格提供真正高品质、高精准度的 3D 打印机，从而实现这项技术所需要的大众市场普及。但现实情况是，同任何一项技术一样，3D 打印的开发和生产成本很高。"他补充说："我们并不想给出一个无法实现的承诺，或者说质量难言突出的产品，事实上，实现这种很高的质量标准，代价不菲。我们从过去几天大家的留言中了解到许多东西，它们告诉我，我们必须卷土重来，更加努力地工作，找到进一步降低产品价格的途径，还要让这项技术更开放。所以，我们取消了这个众筹项目，直到我们可以实现这一承诺。"

Mota 3D 打印机在短短几天内融资额接近 6.5 万美元。在无法兑现诺言的情况下，干脆取消众筹项目，这种态度比拿走支持者的钱最终却未能提供所承诺的产品，或者说最终根本没有出货更值得称道。这种问题也是大量众筹项目的通病，尤其是硬件产品。残酷的现实以及在 3D 打印这样的新兴领域开发产品的经济性，会不断击碎众多宏伟创意的梦想。

问题与得失

如今，对于许多成熟的初创公司而言，Kickstarter 和 Indiegogo 等众筹平台已经成为一个关键的工具，公司可以借众筹融资的机会，测试其产品的市场接受度，同时为他们的品牌获得热情支持。虽然那些在床头或车库一拍脑门想出来的自主创业提案依然是各大众筹网站的主要内容，但是已经获得风投融资的初创公司也开始大量涌入。这些公司的目的未必是通过与这些平台的合作来获得融资，利用众筹平台的初创公司与潜在出资者可以进行清晰的沟通，并且提供信息透明度。

在科技如此发达的今天，创新的、质优价廉的科技产品日益受到人们的追捧，但是对这些科技产品的研发者来说，却面临着资金缺乏、信息传输渠道不通等诸多短板。众筹网可以为项目发起者提供募资、投资、孵化、运营等一站式综合众筹服务，帮助他们有效规避这些瓶颈问题，已经日渐成为当前社会越来越常见的商业模式。

科技类项目众筹要想获得成功，前提是要规避知识产权风险。目前，在科技产品众筹领域存在两个问题：一是众筹项目在网站上挂出后，创意易被剽窃，导致丧失其新颖性；二是申请专利程序繁琐、耗费成本过大，时间长。

众筹拍电影更好看吗？

这是一个任何行业都可以众筹的时代，包括一贯"高大上"的电影产业。

近日，互联网巨头们的战火一路烧到了文化产业：继阿里巴巴集团（下称"阿里"）推出"娱乐宝"后，百度也上线了其名为"众筹频道"的众筹平台。当人们还在对娱乐宝的首期项目津津乐道时，京东的众筹业务"凑份子"也紧锣密鼓地面世了。

这些众筹拍电影的方式都有一个共同的"卖点"，那就是"普通人也可以当电影投资人"。人们只需投入少量资金便可参与一部电影的投资，电影成功上映后还将获得一定回报，何乐而不为？另外，虽然"众筹电影"的概念迅速蹿红，但真正的实践还是局限在相当小众的范围内，普及尚待时日。

中投顾问文化行业研究员沈哲彦认为，电影制作还是主要以电影制片公司或者获得摄制电影许可证的企业，通过自有资金或者获取他人投资的方式来拍摄。"目前众筹的方式尚不具备颠覆传统电影制作方式的能力，但它为电影行业的发展增加了融资渠道和平台，有利于整个行业的发展和繁荣。"

虽然阿里一直声称娱乐宝的本质并非"众筹"，但不可否认的是，这个产品确实开启了众筹拍摄电影的先河。借着娱乐宝的平台，国内瞬时多出了22.38万名"电影投资人"，真正实现了电影产业与草根资本的对接。

这个概念显然刺激了正在飞速发展中的中国电影业，也反过来进一步提升了众筹的火热程度。

几乎就在同时，"众筹频道"和"凑份子"先后上线，前者侧重影视作品众筹投资，而后者则瞄上了流行文化和智能硬件两大领域，均采用众筹方式来募集项目资金。对于普罗大众而言，"投资电影业"曾经是一个遥不可及的想法，但众筹新模式的出现为它的实现提供了可能性。

正如当天贷创始人邵永华所言，对粉丝们来说，众筹投资为他们带来了特别的体验。"比如，一个白领粉丝投资1000元、5000元，投资明星的一部电影，可以获得其他权利，比如探班、参与首映式的权利，哪怕不挣钱，一些粉丝也愿意。这就是互联网带来的新模式，它满足了资金拆借双方的不同需求。"

事实上，这种基于"粉丝经济学"和"互联网思维"的新型模式正是一个关键的支点，通过它甚至可以撬动整个传统电影业，重构文化产业成长的商业路径。

动画电影《大鱼·海棠》、《十万个冷笑话》的众筹历程

一个半月，158.26万元。这笔钱来自3593位网民，给尚在制作中的一部动画电影《大鱼·海棠》。最少的给了10元，最多的一个人拿出了50万。2013年8月1日，动画制作人梁旋在"点名时间"网站发起的这项"众筹"完成了。

《大鱼·海棠》是梁旋和他的老校友、老搭档张春联合制作的。电影酝酿十年，剧本创作五年。目前呈现给公众的只有十分钟的片段，场景取材于福建客家土楼，写实画风，人物造型和动画的准确精致，被认为足以媲美日本同类影片，在爱好者中早有了大名气。影片迟迟不能完成，原因很简单：差钱。

同一时期在"点名时间"筹资的还有一部动画电影——《十万个冷笑话》。它最初是连载的网络漫画，后来改编为动画短片，每集5分钟，至今总共做了12集。

在这些短片中，葫芦娃和蛇精恋爱，哪吒是个娃娃脸的肌肉男……无厘头、无节操的桥段和人物让它非常"接地气"，单优酷网一家数据统计，12集的播放总量已达到约1.67亿元。

这样的热度让主创团队决定启动电影版。2013年3月26日，电影版《十万个冷笑话》开始众筹，到2013年8月22日结束。

一百多万的资金，对于一部电影的制作费用来说，并不算大数额。比如，《大鱼·海棠》的制作投资在2500万元左右，《十万个冷笑话》则至少为1000万元，甚至更多。他们发起"众筹"，并不是真的为了筹集成本。

《狼图腾》：为了一种怀念

从2004年初版至今，《狼图腾》走过了十年。这本书创造了多个奇迹，中文版再版150多次，超过1亿人阅读。不仅是冯绍峰、潘石屹，每个读过《狼图腾》的人在心中都有与之相伴的记忆。也许你正在遗憾十年前，没有机会跟潘石屹一起去参加那个沙龙。但是十年后，也就是2014年5月25日，一个重磅的活动弥补了这个十年的遗憾。

"《狼图腾》畅销十年纪念庆典暨电影授权图书全球换封面"活动曾在国内最具影响力的众筹平台——众筹网上独家发起项目。如果参与者众筹支持该项目，那么除了可以获得《狼图腾》畅销十年纪念精装版图书外，还有机会获得神秘作者姜戎首度送出的签名本。最主要的是可以近距离感受国际大导演让·雅克·阿诺及帅哥"冯叔"的独特魅力，更有机会现场领略白岩松、潘石屹、赵忠祥、张抗抗等名家观点的智慧交锋。

"我们是龙的传人还是狼的传人?"编者在《狼图腾》一书的开始就提出了这个问题,每个读过《狼图腾》的人都有自己的答案。如果你通过众筹参加了《狼图腾》畅销十年纪念盛典,也许会打开更广阔的思维空间。

观察"《狼图腾》畅销十年纪念盛典",你就会发现,作为互联网金融的新兴模式,众筹可不仅仅是筹集资金,它还可以提供平台,给你带来深刻的头脑风暴。其实,思维的碰撞仅仅是一方面,众筹模式正在激发并满足大众个性化的消费需求,构建消费者和创造者、传播者与受众新的共赢生态圈。

一位娱乐圈人士说,"粉丝的一些点子能量巨大,但是好像很难找到与他们交流的渠道"。现在以众筹网为代表的众筹平台,就为粉丝和艺术家提供了这个桥梁。

众筹除了搭建交流渠道外,传播在这里也有了新的业态。譬如,冯绍峰转发了众筹网的"《狼图腾》畅销十年纪念盛典"活动,潘石屹又接着转发。两位微博大佬动动鼠标,已经引起了数十万的关注和评论。这就是所谓"滚雪球"的传播效应,也展现出众筹模式所隐藏的媒体和社交属性。这种属性也将为作品招徕更多的粉丝,更多的关注。这种关注对于新品发行的初级阶段都是极为有价值的,因为在互联网时代,得到网络关注的机遇和新顾客对于成功来说是至关重要的。

《Z108-弃城》:可以参与拍摄的众筹

曾导演过《纽扣人》《混混天团》的台湾导演钱人豪,2011年想拍摄丧尸电影《Z108-弃城》,由于完全放弃了大陆市场,加上投资方不看好商业回报,他一直找不到资金。为了追梦,他就模仿美国Kickstarter网站的"众筹"模式,通过Facebook和微博等社交网络筹集资金。

钱人豪设定的筹款限额相对较高,每人1万新台币。回报是纪念电影票 40 张，也就是每张电影票等价为 50 元人民币，除此之外还赠送周边产品。而最吸引人的回报是，筹款人可以在电影中扮演丧尸。最后有 500 多人参与筹款，成功募集到 872 万新台币，三分之二的支持者参与拍摄。

该片收益最终勉强持平。钱人豪说："我赚到的不是钱而是更大的机会和格局，譬如现在香港太阳娱乐文化请来安志杰、热狗、尹子维让我拍丧尸电影《Zombie Fight Club》，虽拿到的资金一般，但远比 1000 万新台币要充裕很多。"

《黄金时代》遇冷，"百发有戏"开局不利

"百发有戏"是百度金融联合中信信托、中影股份、德恒律师事务所联合推出的电影类消费金融项目。通过"百发有戏"，每个喜欢电影的人都可以成为电影制片人，参与到电影制作和宣传中，还能享受票房带来的回报，享受前所未有的"消费+金融"新体验。

按照发布会介绍，用户购买该款产品 6 个月之后，可以享受到"百发有戏"提供的各种影片消费特权，如获得明星专属"表白"视频、参与庆功晚宴、获得免费电影票或电影卡等，还有望获得 8%～16% 的权益回报。而且，该投资产品的最低起购价门槛仅为 10 元。《黄金时代》上线后，两分钟内意向认购额就达到 1500 万。拥有主演致谢视频、告白视频、T 恤等的特殊权益则被秒杀，最终实际销售 1800 万元。

"百发有戏"给用户承诺的回报分为六档，根据《黄金时代》电影票房情况，分为低于 2 亿元、3 亿元、4 亿元、5 亿元、6 亿元、高于 6 亿元，分别对应预期权益回报为 8%、9%、10%、11%、12%、16%。而实际上，《黄金时代》首日票房仅 1060 万元，上映 10 天票房收入也仅为 4310 万元，最终票房将不超过 6000 万元。

不过，百度相关人士表示，根据当初的协议，"百发有戏"锁定期是

半年，即便《黄金时代》票房收入低于2亿元，参与"百发有戏"产品的消费者还是可获得8%的回报。"百发有戏"真正参与的只是《黄金时代》很小的环节，筹集的1800万元，主要用于电影传播和营销，预期低于2亿元票房也可涵盖消费者8%的收益。"百发有戏"没参与《黄金时代》电影演员招募、电影制作等环节，若参与，整个周期会长达1~2年，风险太高，只参与很小的环节，就使"百发有戏"相对降低很多风险。

"百发有戏""娱乐宝"模式很好，《黄金时代》《魁拔Ⅲ》电影发行量不高，也跟这些文艺片关注度不高有关系。未来，"百发有戏""娱乐宝"针对小众市场会更有价值。这些小众市场包括那种文艺的、个性化或定制化的电影、文艺产品，本身是小制作，通过"百发有戏""娱乐宝"筹集资金，试水并激活市场，还能让小成本制作电影迎来发展的春天。

从电影制作、审批程序看众筹的特性

第一，电影制作流程。

1. 选择剧本。这是最重要的，一般是由制片人来选择剧本，但是也不缺乏导演来选择剧本的。但是，导演在选择了一部好的剧本之后就要说服公司以及制片人来为他投资。

2. 资金。电影的成本不仅包括导演、编剧、摄像、演员、场景、拍摄、后期、食宿行等的费用，而且包括市场营销及宣传的费用，通常市场营销及宣传费用等于拍摄费用或1/2的拍摄费用。每部电影根据概念和要求的不同，可以分为小成本电影、中型制作电影和大制作电影。小成本电影基本在1000万元以下，中型制作电影成本基本在1000万~8000万元，大制作电影成本在8000万元以上。

3. 选择导演、演员。由制片人或出品人与导演或演员签署聘用协议。

4. 组建摄制组。摄影组包括：场记、化妆、道具、灯光、美术、后期指导、跟组剪接。

5. 其他程序还主要包括：电影剪接、发行商、发行海报、广告宣传等。

第二，电影拍摄上映过程中应取得的资质许可。

1. 根据《电影管理条例》的规定，电影制片单位必须取得由国务院广播电影电视行政部门发给的"摄制电影许可证"；电影制片单位以外的单位经批准后摄制电影片，应当事先到国务院广播电影电视行政部门领取一次性"摄制电影片许可证（单片）"，才可以获得电影制片单位的权利；中外合作摄制电影片，应当由中方合作者事先向国务院广播电影电视行政部门提出立项申请。国务院广播电影电视行政部门征求有关部门的意见后，经审查符合规定的，发给申请人一次性"中外合作摄制电影片许可证"。申请人取得该证后，应当按照国务院广播电影电视行政部门的规定签订中外合作摄制电影片合同。

2. 电影制片单位应当在电影片摄制完成后，报请电影审查机构审查，审查合格的，由国务院广播电影电视行政部门发给"电影片公映许可证"。

3. 设立电影发行单位。所在地省、自治区、直辖市人民政府电影行政部门或者国务院广播电影电视行政部门批准的，发给"电影发行经营许可证"。

4. 设立电影放映单位。所在地县或者设区的市人民政府电影行政部门批准的，发给"电影放映经营许可证"。

5. 电影的进出口。也应在取得"电影片公映许可证"后进行相关进出口审批。

第三，影视众筹的法律性质。

1. 纵观现阶段的影视众筹，实际上主要还是为了影视宣传的需要或者为了争取大众的关注。将部分资金作为众筹资金进行筹集，主要资金还是依靠投资人的投资行为，因此并不是完整意义上的众筹行为。而且，这种众筹行为仅仅是对拍摄资金的筹集，并不真正涉及分账，因此，从根本来讲，还是一种捐赠式附带回报式的众筹。

以阿里巴巴的娱乐宝为例，其还远称不上"颠覆"二字。娱乐宝目前只能算是资金募集，远没有参与到影片拍摄的过程控制中，对影视剧产业的影响有限。娱乐宝的创新性主要在于通过降低资金募集的门槛，圈定了一群潜在的观影人群。现在电影投资热度很高，《小时代4》、《狼图腾》等电影人气都不错，基本不会以众筹作为筹集投资的主要手段。通过娱乐宝获得了较高的曝光度才是最大收获，对影片后期宣传的意义更大。

2.《Z108-弃城》为典型性的参与模式，类似于奖励式众筹或者回报式众筹，但该模式暂时仅限于投资规模较小、拍摄专业性相对较低的影视作品。另外，如江小鱼拍摄的《求求你药别停》众筹项目中，发起人将参与者众筹的金额分为不同档次，可以根据金额的大小来确定参与拍摄的情况，但这种形式暂时未推而广之，主要是考虑到影视作品表演的专业性较强，随意参与拍摄可能影响影评质量。故该模式是否可在日后得到推广或者普及还需得到市场的检验。

第四，相关法律风险及问题。

1. 如果在筹款之时把股份明确作为回报，"众筹"就变成了"非法集资"。以股份、股权为回报条件，资助者参与利润分享，这在国内目前的政策法律下，是一条"不能踩的红线"。然而筹款完成之后再宣布资助者可分享股份，就不能算"集资"行为。这是一个灰色地带。"即使政策开放，我们也不想做股份性众筹。我们不想做投资，我们想做平台，让大家真正从市场角度和商业角度去检验自己的创意。"就像"点名时间"的张佑所说的，"回报型的众筹是可以控制的，但股份型的众筹就太可怕了。"

2. 中国每年制作的 200 多部电影，能赚钱的大概只有十分之一。全国一年生产 17000 集电视剧，有三分之一可以赚钱。可能也是考虑到风险的因素，娱乐宝首批推出的电影原先就有比较好的人气基础，像《小时代》前两部就获得了很好的回报，《狼图腾》是根据畅销书改编的，在票房上有一定的保证。影视剧实际上是项高风险的投资，一般不鼓励普通民众参与。

3. 关于未取得相关拍摄、公映、发行等审批之前是否可以众筹的问题。虽然电影的拍摄、公映、发行等行政审批属于强制性法律规范，但这些法规所约束的是电影在未取得上述许可之前是否可以进行拍摄、公映、发行等程序，至于众筹应该属于电影筹资的方式，类似于投资人的角色，因此并无法律明确禁止在取得相关资质之前不得进行电影的拍摄等程序。但是，从目前的实际情况看，由于电影拍摄等程序较为专业，一般还是由已经取得摄制许可证的制作单位发起众筹，比较符合投资人意愿，也有利于电影下一步的制作发行。

一边游戏一边众筹

众筹带来的改变

如果您是一名草根手游创业者，是否因为没有资金而使创意束之高阁？如果您是一名游戏发烧友，是否对自己将有可能参与到游戏的开发设计中而感到不可思议？如果您是一名游戏开发商，是否想提前探知市场接受力或者汲取有益的建议，从而完善游戏的制作质量？如果您是以上任何群体的一分子，那么您无须再烦恼，因为众筹平台将帮助您实现这一切。

众筹时代的来临，即预示着好的项目不再因为资金问题而不能面世，众筹所涉及的广泛人群往往使项目备受关注，甚至带来全民狂欢，游戏众筹也不例外。智能手机在国内的普及带来移动娱乐的极度兴盛。把最近两年称为"手游爆发年"丝毫不为过，投资人与创业队伍也都赚得盆满钵满，很短时间内多款手游爆发，回报率惊人。许多从未接触过网游的投资人被吸引过来，寻找投资机会，又苦于对行业的完全不了解，投资难免盲从。与此同时，源源不断的年轻创业团队卡在资金环节，寻钱无门。而正是众筹建立了游戏创作团队与投资人之间的投融资平台。因此，手游创业者可以塌下心来搞创意，只要创意好，能得到广大支持者的青睐，资金问题也就迎刃而解了。游戏开发商将项目放到众筹平台中则不仅可筹来资金，更能提前检验游戏的推广成功率，提前攒聚玩家粉丝，因为众多的支持者往往就是游戏未来的忠实玩家。对于游戏发烧友而言，他们的支持也将得到项目方的热忱回报，甚至根据其支持力度的大小参与到游戏的开发中过一把设计瘾也将成为可能。

游戏众筹的玩法

不可置疑，通过众筹模式为游戏开发而筹集资金确实有其独特的优势，能带来许多无形的收获：一者能直接取得资金支持，二者能提前集聚游戏玩家，增添玩家的期待心理，三者更能使玩家积极献计献策，参与到游戏开发中，拥有一批铁杆粉丝。欧美地区自2012年开始流行起通过众筹的方式为游戏开发募集资金的潮流，这股潮流也很快传到世界各地。

被称为"洛克人之父""鬼才""重口味游戏大师"的日本资深游戏

设计者稻船敬二在众筹平台 Kickstarter 上放出了他的游戏《Mighty No. 9》①，项目开始筹款日期为 2013 年 8 月 31 日，截止日期为 10 月 1 日，筹款目标设定在 90 万美元。《Mighty No. 9》是一款经典复古的横版冒险过关游戏，主人公叫 Beck，故事是病毒感染了除了主角外的所有机器人，然后主角就要闯关打倒暴走的 boss 们。项目推出短短 4 天内，筹集资金总额就已经超过 110 万美元，速度之快实在让人咋舌！

但您也并不能就此认定游戏众筹就必然会成功，也有很多游戏项目以失败告终。北美 Petroglyph 工作室创造的二战题材即时战略网游《Victory》在 2013 年 3 月曾登录 Kickstarter，筹资目标为 70 万美元，但到规定时间结束为止，只募集到了 3 万美元。把 3 万美元退还消费者后，公司还因为项目流产，不得不进行内部裁员。

而稻船敬二的成功众筹也有其自身法宝，这个法宝就是积极创造使广大游戏爱好者能够参与开发设计的机会。为了鼓励消费者尽早参与到项目中来，他设立了 Mighty No. 9 社区，最早出资的支持者可以加入这个社区，意味着往后游戏设计的每一步，稻船敬二和他的团队都会在社区里征询大家的意见再进行下一步定稿，从而创造了让支持者和设计团队一同完成游戏设计的机会。

同时，敬二在对支持者的回报中确定了"不同层次，不同程度"的方式。认捐款额度从 5 美元起，只要 20 美元就可以获得游戏电子版一份，出资满 75 美元可以获得 Game Box 实物。从认捐额度 500 美元开始，回报设置了限定额度。出 500 美元者可以在游戏中设想一个挑战，16 个出资上千美元的支持者的声音会在游戏末尾出现，认捐 2500 美元的支持者可以获得在游戏中露脸的机会。一次性出资 5000 美元，你将获得一次与设计组视频

---

① 注：本文《Mighty No. 9》案例援引自盛佳、汤浔芳、杨东、杨倩著《互联网金融第三浪 众筹崛起》，中国铁道出版社，2014 年 5 月第 1 版。

会议的机会，让设计组根据你的想法，设计出一个敌人角色。出资1万美元，更可以获得和稻船敬二先生共进午餐的机会，相信这样的条件对于资深游戏玩家以及稻船敬二先生的粉丝来说是具有强大诱惑的。

在这起案例中，稻船敬二充分利用了众筹前的预营销模式，使得产品还未上线即具有了较强的知名度，可以算是一次非常成功的互联网营销尝试，由此也可看出产品与众筹的结合产生了新的市场价值。同时，在设计回报方面，稻船敬二团队又充分洞悉了游戏玩家的心理，设计了极具诱惑力的回报方式，实际上会吸引更多的玩家，从而完成了第二轮营销，这样的玩法，众筹怎能不成功呢？

游戏众筹不只是在国外众筹网站中风生水起，在国内也是如雨后春笋般发展起来。由于游戏众筹的项目具有成功率高、融资快的特点，所以国内已经出现了专门的游戏动漫众筹平台，如摩点网。在该平台上，成功案例也是举不胜举，譬如平台中《i联赛》游戏，发起时间为2014年6月30日，计划筹资完毕日，即2014年7月31日，总共融资100万元。出人意料的是，这一项目在达到期限后，融资将近170万元，完成预计融资额的169%。平台上的项目绝大多数都能在期限内达到圆满的融资目标，甚至往往是超额完成。

目前游戏的众筹模式都是奖励式众筹，因为游戏与一般项目不同，一者是游戏本身具有很强的可奖励性，可给予玩家在游戏方面的特惠或者提前试玩等；二者是游戏众筹往往仅仅以一个独立的游戏为基础，在其本身的制作开发经费上进行众筹融资，而非背后的游戏公司融资，所以并不涉及股权或债权众筹模式。未来，如果游戏公司作为主体进行融资，则可能涉及股权或债权的众筹模式。

让粉丝诞生在产品之前

游戏众筹之所以在国内能够得到强有力的支持，其实与我国游戏产业的发展密不可分。据商务部网站报道，中国已成为韩国游戏产业最大出口对象国，2012年对华出口占韩整体游戏出口比例为38.6%，预计2013年将达40%。据韩国贸易协会援引中方数据显示，2013年中国游戏市场销售额同比增长38.0%，达到831.7亿元人民币，较5年前规模增长4.5倍。特别是移动游戏市场发展显著，较2013年大幅增长248.5%，达3.1亿人，移动游戏销售额也同比猛增246.9%，达112.4亿元人民币。因此，中国俨然已经成为游戏玩家众多、游戏产业飞速发展的国度，这对游戏项目的众筹来讲可谓是极大利好消息，同时从游戏众筹快速得以成功融资的过程中，亦可窥见游戏产业在中国未来的发展前景。

根据以上的案例我们可以明白，网络游戏不比实物生产，也并非必需的生活消费品，这种可以获得精神享受的消费品，实际上需要更多玩家粉丝的真心支持，而游戏通过众筹融到资金进行了营销的同时，还可以给予玩家极大的参与感，对于维系广大玩家粉丝、改进游戏质量水准都有莫大的好处，因此通过众筹平台筹资自然就有事半功倍的效果。因为就众筹的实质意义来讲，筹钱只是其表面形态，更多的意义在于筹资源、筹人脉，通过众筹平台的融资过程使项目广而告之，找到不遗余力坚持与支持项目运作的小伙伴们，所谓众人捧柴火焰高，项目的成功率也就大大提高。对于游戏产业，尤其需要大量忠实的粉丝和玩家，这是游戏能够具有强悍生命力的前提。在传统模式中，游戏只能在发行后才能攒聚玩家粉丝，而通过众筹平台，则将攒聚玩家粉丝发展到极致，不仅是在游戏发行后攒聚玩家粉丝，更能在众筹过程中，即游戏尚未开发阶段打造声势，吸引玩家，达到宣传力度和广度的最大化。

另外，众筹领域包罗万象，包含了实体店众筹、电影众筹、音乐众筹等等，而游戏项目在众筹平台中显示出巨大的融资潜力。以KickStarter为例，2012年1~9月，11个融资超过100万美元的项目中，有7个与游戏相关，而另外还有一个则是跟游戏有关的漫画。游戏类项目1~9月累计融资达到5000万美元，位居KickStarter榜首。

对于筹资方来讲，众筹平台可以对项目起到一个初期市场调查的作用，通过众筹平台可以更清晰地了解到玩家不是已经买了某个游戏，而是通过其想买的游戏来理解新游戏的传播力和生命力，以及有没有成为一个品牌的潜力。由此深入分析，可以发现众筹平台并不单单只是一个融资渠道，其更具有独特的营销价值，即可以在游戏开发之处窥见玩家的接受度、受众人群，通过众筹途径开展游戏项目更能汇聚更多玩家关注，其热情与高参与度更能使游戏在发布时带来良好的口碑宣传。

小心筹，大担投

游戏众筹在中国本土登陆时间并不长，发展速度却很快，可以看到它正以其本身独特的魅力打造着自己良好的发展前景。而从摩点网（游戏等文创产业众筹平台）来看，项目多、融资快是其一大特点，但并非毫无隐忧。在未能众筹成功的游戏项目中，大多是知名度较小或根本不知名的游戏开发者，支持者在对待游戏众筹项目时，其开发者的知名度大小至关重要，是支持者的信任来源，因为现实中存在许多众筹后游戏却未能按实际规划进行开发发行的情况，最后竹篮打水一场空，而较有知名度的开发者则鲜有此种情况发生。因此，如何构建游戏众筹中普通支持者的信任体系，将是未来游戏众筹领域如何使更多的游戏项目最终得以筹资成功的关键。

从众筹模式来讲，游戏众筹的模式基本都属于奖励性众筹，对支持者给予物质奖励或获得将来的游戏测试资格、游戏正式版以及其他一些特权，并不涉及目前政策还不明朗的前提下所具有较大风险的股权和债权回报众筹，因此所涉及法律风险也较小，基本不会触碰到法律红线，这也是这一领域众筹得以如火如荼开展的原因。在可以预见的将来，众筹平台将为游戏开发者与投资人搭建更为广阔完善的平台，同时也会成为二者倚重有加的得力平台，而伴随游戏产业在国内的蓬勃发展，数量众多的玩家和游戏商也必将推动众筹这一投融资形式的发展。游戏催生众筹，众筹助力游戏，让我们一边游戏一边众筹，走向游戏众筹茁壮成长的康庄大道吧。

冰桶游戏，救了渐冻人的公益娱乐众筹

微软总裁比尔·盖茨，苹果CEO蒂姆·库克，美国总统奥巴马，NBA球员詹姆斯、科比，足球运动员内马尔，歌星贾斯汀，演员金秀贤，小米创始人雷军，奇虎360董事长周鸿祎，锤子CEO罗永浩，富士康董事长郭台铭，百度创始人李彦宏，台湾当局领导人马英九，娱乐圈的巨星刘德华、周杰伦，金话筒撒贝宁，地产大亨任志强、王石……

上面这串名单，耳熟能详、如雷贯耳，几乎每一个人名的背后都有神话一样的故事，都有数以亿计的粉丝与崇拜者。他们跨越了科技界、体育界、演艺界、政治界、房地产界，但却被同一个游戏吸引，并愿意放下身段按照既定游戏规则参与其中。没错，这个游戏，就是风靡全球的冰桶游戏！

细说冰桶游戏

冰桶游戏，是一种名人之间的点名游戏，全称为ALS Ice Bucket Challenge，又名ALS冰桶挑战赛。因此，提到冰桶游戏，就不得不说ALS。

ALS，也叫"渐冻人症"，医学名称为肌萎缩侧索硬化，也叫运动神经元病，是因运动神经元损伤，导致肌肉逐渐无力和萎缩的一种病症，严重时可致呼吸衰竭。2000年，国际病友大会正式确定6月21日为"世界渐冻人日"。

1. 游戏发起。

大多数认为冰桶游戏由渐冻人症患者、美国前棒球运动员皮特·弗瑞兹于2014年夏季发起，活动目的是为了引起公众对渐冻人症群体的关注，并获得募集善款帮助治疗。弗瑞兹的好友克里·葛里芬作为发起人之一积极响应，并传递了活动。活动传递后不久，葛里芬不幸溺水身亡。为纪念这位年仅27岁的发起人，在其去世两天后的8月18日，在马萨诸塞州的一个停车场里举行了一场有上千人参加的集体"冰桶挑战"。随着社会名人的加入，活动迅速进入公众视野，风靡美国。

另外一种说法则认为冰桶游戏发起于新西兰。7月4日，一个癌症协会的成员通过向自己头上淋冰水来表示对癌症病人及其家属的关怀和支持。后来美国职业高尔夫运动员克里斯·肯尼迪接受挑战，并指定丈夫患有渐冻人症的表姐继续接力。由表姐接力的冰桶挑战，渐渐让很多人体验到了渐冻人的感受，从而引起社会关注，流行起来。

2. 进入中国。

投资界大佬，同时也是小米的投资人，俄罗斯DST（投资集团）老板尤里米纳尔Yuri Milner，点名小米董事长雷军传递冰桶游戏。8月18日，雷军通过微博表示接受Yuri的挑战，并将于当天完成挑战，冰桶游戏由此进入中国。但另据媒体报道，一加手机的创始人刘作虎率先完成了挑战，并自称是中国互联网第一位完成此挑战的人，同时他点名奇虎360董事长周鸿祎、锤子CEO罗永浩、华为荣耀业务部总裁刘江峰参与活动，使游戏得以迅速传递。冰桶游戏几乎在一夜之间风靡中国。

3. 游戏规则。

冰桶游戏为传递式游戏，按照游戏规则，被点名邀请者要么在24小时内接受挑战，并在网上发布自己被冰水浇遍全身的视频，要么为渐冻人症群体捐献100美元。接受浇冰水的参与者完成挑战后，可以点名3个人来传递游戏，而选择捐款的参与者则无权点名、捐款之后游戏结束。

冰水倒下都是爱

冰桶游戏，从八月中旬开始，不仅在美国各界备受关注，也同时扩散至其他各国，点燃了世界各界名流的热情。

随着冰桶游戏的风靡，ALS、渐冻人症、肌萎缩侧索硬化、众筹捐款迅速进入公众视野，成为大家广泛谈论的话题。渐冻人症群体进入大众视野，得到普遍关注，使包括医学界的深入研究、各种慈善组织的持续推动在内的行动成为可能，这是游戏最大的成功，也是美国总统奥巴马在选择捐赠100美元后会受到媒体批评的原因。

冰桶游戏产生的捐助效果也是惊人的。据美国ALS协会称，从7月29日到8月18日，仅20天的时间，"冰桶挑战"就为其带来1560万美元的捐款，而去年同期捐款额为180万美元。

冰桶游戏在中国产生的效果也不可小觑。据了解，截至2014年8月21日，共有70余名政要富商、演艺名人等接受挑战，获得了11709位爱心人士的支持，国内的获捐方"瓷娃娃"罕见病关爱中心共收到捐款约228.4万元。（数据来自网易数码："满满正能量，CHiQ发起冰桶挑战赛"，2014年8月22日）

在美国，不乏为渐冻人症发起的捐款活动。在中国，也有遍布各地的捐款机构和间或的捐款倡议。但必须承认，从来没有哪次的公益捐款，能像今年的冰桶游戏一样如此成功，不仅使ALS、渐冻人症获得普通公众的广泛关注，其捐款效果也是空前的。笔者认为，冰桶游戏的成功，一方面得益于发起人对游戏规则的设置，即公开视频、传递游戏，另一方面也应归功于众筹的魅力。

当然，这项活动也引发了各种争议，如湿身秀、浪费水等，甚至美国国务院向美所有外交机构发送非机密电文，禁止驻外使节和高阶外交官员参与这项活动。但必须承认，这项从政要富商、演艺名人到平头百姓都参与的冰桶挑战公益娱乐众筹，最终以一个月突破1亿美元的数额获得了完满收场。（数据来自人民网："冰桶挑战全球筹集巨额善款，一月突破1亿美元大关"，2014年9月1日）

亦娱乐，亦公益

冰桶挑战以其趣味性、公开化和名人效应招致了娱乐游戏、炒作等的"骂名"，但如上文所见，冰桶挑战在迅速传播的同时，也带来了极其丰厚的捐助善款。如此娱乐游戏，利人利己，美哉、善哉。

如果说众筹是一种新兴的投融资模式，那么公益众筹就是投资人不求任何回报的投资方式。套用投融资概念分析公益众筹，即投资人对特定个人、群体或项目进行投资，发起人、资金需求方或创意者无须对投资者给予任何回报，投资人获得的是内心的慰藉或社会认可。

冰桶挑战符合公益众筹的本质和结构设计，其众筹结构可以简析如下：

1. 有发起人。每一个被邀请人在完成挑战并点名好友时，都扮演了新一轮众筹发起人的角色。

2. 有投资人，且需按既定规则履行投资义务。被邀请者需要在24小时内接受挑战、传递游戏；否则，需向ALS协会捐赠100美元。

3. 有资金需求方，即渐冻症人群体，并由该群体的官方代表机构ALS协会出面接收资金。

4. 发起人或资金需求方不会给予投资人任何实质利益的返还或回报，但"投资人"获得了在社会公众面前被确认为"英雄"或"好人"的机会。

另外，基于该众筹项目的公益性，冰桶挑战的规则是相对松散的、宽松的，我们可以在冰桶挑战中发现多个案例对游戏规则的突破，如接受挑战的时间往往不限于24小时，捐赠金额超过100美元的大有人在，甚至部分邀请者既接受挑战、传递游戏，又自愿捐款。而所有对游戏规则的突破（包括置之不理）都不会招致任何法律意义上的惩罚。

公益众筹在中国：民事赠与实质，成长空间巨大

我国是实行金融管制的国家，作为投融资模式，众筹必须遵守现行法律规定，符合行业主管部门的监管规则。比如，根据国务院会议分工，债权众筹由银监会予以监管，并制定相关监管规则，股权众筹则由证监会予以监管，并制定监管规则。整体上，二者又需要符合央行关于金融管制的具体要求。

但如前分析，公益众筹是一种投资人不求任何回报的无偿捐款，其与传统民法理论上的赠与是实质相通的。基于投资的无偿性，公益众筹的投资人也可以称为捐款人、赠与人。所不同的是，发起人借助众筹的概念，将该项公益捐款置于公众视野之下，这种形式更有利于得到社会关注和更多的善款，但并未超出民事赠与的实质法律关系。因此，公益众筹发起、募捐的过程并不需要金融管制和行业监管，也未违反我国现行的强制性法律规定。当然，假借公益众筹行欺诈募资之实者，另当别论。

精巧设计，为国内公益增添生命力

我国虽然有《公益事业捐赠法》，但公益事业一直很难得到民众的认可和支持，如红会等各种背景的慈善组织也屡遭质疑。个中情由，可以概

括地归纳为信任缺失。反观冰桶游戏的火热盛况，我们或许可以从以下几个方面进行思考：

1. 对发起人而言，要尽可能地增加公益活动的趣味性，设置鲜活有趣的公益规则，捐款的同时享受到游戏的乐趣。同时，借助名人效应，吸引公众关注，保证活动迅速传播。

2. 对资金接收方而言，无论个人、慈善组织，还是官方机构，至少应保证资金的安全、透明和使用用途，将资金收支情况置于公众视野之下，随时接受赠与者和普通大众的监督。此外，可引入第三方法律及审计机构，定期对资金需求方或项目近况进行尽职调查，对资金使用是否合法合规进行专业审计，并将上述信息向社会公布。

3. 公益的关键在于捐赠者的自愿，对于部分"捐赠者"在表示捐赠意图而实际善款不能到位的情况，除非触及法律底线，否则不宜用过激或强硬的手段进行"追讨"，而只能通过完善信用体系、强化舆论监督等相对柔和的方式予以督导。活动有趣、资金安全、用途特定、舆论导向明确，具备这些特点后，冒慈善之名作秀便非易事了。

4. 公益众筹刚刚兴起，因为区别于有偿的债权众筹、股权众筹和产品众筹，为保证资金安全之考量，尚无运作募集善款的先例，尤其是在国内目前的环境下。但在信用体系完善的社会，或国内环境时机成熟时，完全可以借鉴基金模式将善款运转起来，形成水之源泉，使公益事业得到长期可持续发展。

"妙辣熊猫"众筹，让世界品味食神

2014年10月17日，"妙辣熊猫"这家全球首创，以熊猫为主题，集美食、购物、休闲于一体的新生态乐园终于盛大开业，正式和全国各地的朋友 Say Hi 了！

"妙辣熊猫"坐落在大连市主流商圈高新区万达广场六层，以食安、食养、食尚为基础，用心打造的中国"熊猫"品牌文化乐园。作为餐饮界的标杆人物，此项目的发起人钟利文先生曾获得美食博士、中国十大名厨、国际烹饪艺术大师、法国美食会优异之星、美国金五星奖、世烹联国际评委等荣誉。拥有"食神锅奉行""天下一品""木鱼缘"在内的多个品牌餐饮，甚至拥有和著名的"史蒂芬周"一样的传奇称号："食神"。

不过，"妙辣熊猫"和众多餐饮最大的区别，还在于这是一件众筹的作品。

用创新带来传统行业转型

近年来，餐饮行业经历寒冬，2014年，餐饮行业趋于理性回归，在品牌餐饮得到市场认可的同时，餐饮行业的盈利能力呈持续走低的态势。对于新的经济形势和市场变化，传统餐饮行业需要转变思维模式，不断创新发展。

"妙辣熊猫"的落成，便成功运用了股权众筹作为其发展形势。

食神钟利文先生这样解释"妙辣熊猫"的众筹："我们众筹的目的，

是要把个体私有经济变成合伙经济，将一个企业的长期目标短期实现，同时建立一个平台，能够将所有的合伙人组织起来。众筹不仅仅是筹钱，更重要是筹人，筹众人之智，筹众人之势。在众筹的平台上，合伙人靠分享、包容、互助、共赢的态度延续一个企业的血脉。"

"妙辣熊猫"的众筹，是一项非常严谨又独具特色的股权众筹。在项目的选择、合伙人的选择、公司结构的创立、法律风险的评估等多维度反复推敲完善后开始执行。

在众多咖啡馆众筹项目成功运作遍地开花之后，食神钟利文先生另辟蹊径地选择从传统餐饮行业入手，选择了具有中国基因的国际化品牌——"妙辣熊猫"作为第一个众筹的项目。为了加强众筹项目的具象性，"妙辣熊猫"采用了先投资后众筹的方式，在率先完成项目落地后进行股权众筹，一方面使合伙人对项目的认知和整体发展更直观，另一方面也建立了合伙人之间的信任。

合伙人的筛选与股东结构也成为这个项目独具特色的一部分。考虑到公司的长效发展以及必须成功的目标，"妙辣熊猫"的合伙人必须具备以下几个基本条件：第一，必须是过了初创期的成功企业家。第二，必须能够用统一的价值观塑造统一的众筹文化。第三，合伙人异业原则。第四，合伙人是能够为项目配置资源的。第五，合伙人是主品牌的上下游对接，具有供应链关系。第六，合伙人是金融服务集团、律师事务所、会计师事务所的负责人。

大多数股权众筹项目的失败，很大一个原因就是股东结构不合理。在"妙辣熊猫"的众筹合伙人中，通过股权份额的认筹分别设立3个层级，战略合伙人吸纳2~4位，领筹人吸纳4~6位，跟筹人吸纳17~30位，将人数控制在30~40人之间，而战略合伙人和领筹人可以以显名股东的身份进入董事会，既能达到"众"的概念，又避免造成管理混乱。

作为一个拥有成熟众筹体系、成熟合伙人的商业模式，一定不能忽视经济风险与法律风险。"妙辣熊猫"的合同体系是以上市公司管理体系为参照而设立的，其中针对投资、出资、章程、转让与质押股权、退出机制、分红等问题有周全的考虑。特别是针对一些股份代持的隐名股东权利，也以补充协议的形式予以其权益与收益的保护。

中心化经营模式

"妙辣熊猫"的众筹之路，是传统行业运用股权众筹进行产业创新的新形式，用股权众筹的方式来成就品牌成长。合伙人之间本着分享、包容、互助、共赢的基本态度，将长期目标短期实现，迅速形成项目落地，并在品牌成长和发展之中，保持一种持续的血脉联系。这是与一八九八咖啡馆相对的一种以项目为核心的"中心化"的经营模式。

参与首家"妙辣熊猫"众筹的合伙人，全部是已经过了初创期的企业家，他们通过对股权众筹的深入了解和具体操作，碰撞出思想的火花和二次创业的激情，快速在自己人中衍生出"众众筹""众众发展"。目前，"妙辣熊猫"品牌已经裂变出"熊猫汤面艺坊""熊猫珍诱儿童餐厅""熊猫和和烫菜厨房""熊猫屋甜品"等多元家族品牌，刚刚开业的餐厅俨然成了一个立足大连、面向东北亚、辐射全国的品牌裂变发展与多项企业家众筹的策源地。

来自包括辽宁、福建、新疆、贵州、沈阳、青岛、吉林等在内的全国合作伙伴，甚至来自美国、澳洲的国际合作伙伴已然闻讯而动，对"妙辣熊猫"品牌和众筹运作模式产生了极其浓厚的兴趣，不断来到大连万达广场考察，进一步筹划在全国各地以众筹的形式做品牌项目落地。这样一个新品牌、新模式、新生态商业到底有多大的吸引力，我们拭目以待。

国艺美食"妙辣熊猫"来势汹汹，谁，又知道未来……

JD"三个爸爸儿童专用空气净化器"产品众筹

自众筹在中国发展以来,就形成了竞争者众多的局面。在各个众筹平台的努力下,众筹这一模式在国内日渐普及,也渐渐根据中国消费者的实际需求发生着变化。众筹模式在中国第一面临的问题就是如何创造适应中国现状的商业模式,而"三个爸爸儿童专用空气净化器"这一众筹项目的发展,也许能给有志于众筹实业的人们一些启示。

"三个爸爸儿童专用空气净化器"是在京东众筹平台上线的项目。该项目在上线之初的筹资速度就相当快。根据项目的网页,此项目必须在2014年10月22日前得到50万元的支持才被认为筹资成功。但在众筹开始半小时后,筹资金额就已达到50万,不到1小时冲破100万,12小时内超过200万。截至10月22日上午项目结束时,"三个爸爸儿童专用空气净化器"在京东众筹平台的筹集总额约为1122.6万元。在京东众筹平台上线29天,众筹金额突破1000万,成为中国首个千万级众筹,也刷新了中国众筹金额的最高纪录。

三个爸爸项目究竟为什么能够成功?又能给众筹的同行业人士带来什么启示呢?

立足产品众筹,将质量做到最优

自从众筹发展以来,人们把众筹进行了很多细分:产品众筹、公益众筹、股权众筹、债券众筹等。其中，产品众筹是指投资者将自己的资金投给筹款的人使用，以便开发筹款人的产品或服务。众筹是在产品或服务真正开始规模销售和公开销售之前进行的筹资，待产品或服务形成规模或已经达到公开销售的条件时，原先的投资者可以低于市场销售价格甚至零成本的方式获得这种产品或服务。

产品众筹具有其独特的优点。首先，产品众筹能够确定提供给投资者或者说消费者一种产品，而产品本身，就能够因为自身的消费性质吸引到足够的人群关注。与债权和股权众筹相比，产品众筹所表现出来的风险就相对较低。在中国发展的产品众筹也为了降低风险，不在产品未产生的时候进行众筹，而是在产品已经成熟但在大规模生产之前进行筹资的活动，所以中国的产品众筹表现出更多团购和预售的特性；但产品众筹的不同点在于，理论上讲它是针对仍处于研发或生产阶段的产品缺乏资金的情况而进行的筹资行为，而团购或预售是针对已经上市或即将上市的产品进行订购，团购和预售中的卖方并不存在资金紧缺的问题。在项目的网页介绍中，三个爸爸儿童专用空气净化器是经历了6代工程机的产品，虽然设计者有意在市面上常见的净化器基础上进行了改进，但从根本模式上来说，"三个爸爸儿童专用空气净化器"还是在已经相对发展成熟的基础上才开始筹资的。如果当初开发者选择了债权或股权众筹的模式，那么它将很难发展成第一个突破千万的众筹项目。

其次，产品众筹中生产的产品往往是满足消费前端需求的产品，具有较高的识别性。如果是人们日常在超市可以购得的普通消费品，众筹则难以产生很大的吸引力。众筹的产品往往是目前没有的，而这类产品的开发正好迎合了消费者的需求。无论是创意类、高科技类的产品，还是在现有的消费基础上进行升级和细分的产品，都可能因为已经销售的产品没有这种特性，而获得投资者的关注。三个爸爸儿童专用空气净化器正是在大城市经常面临雾霾问题时出现的。虽然目前已经有很多品牌的空气净化器，但"三个爸爸"巧妙地宣传了自己的两个特性或者说优势：首先，该产品除甲醛的功能比其他产品都好，并且拿出了央视报道、国家室内车内环境及环保产品质量监督检验中心的检测结果来作为证据；其次，"三个爸爸"主要面向的使用人群是孕妇和儿童，它突出了自己净化空气更为安全、能够保证孕妇和儿童健康的优势。既然孕妇和儿童使用都能满足要求，那么对于其他人来说，这款产品的性价比更高，更能被视为是质量更好的产品。

正是基于产品众筹的上述特性，"三个爸爸"准确地把握了产品众筹的特点，因此能够获得更多人的认同。

选择适合平台，扩大宣传影响

除了能在产品众筹的特性上进行准确把握之外，三个爸爸项目对平台的选择也有可取之处。自京东众筹发展以来，"三个爸爸"就借助京东的口碑和互联网经验迅速扩大了影响力。京东本来就是在3C产品销售上具有极大平台优势的网站，"三个爸爸"也正好是这类产品中能够迎合消费者需求的一种。三个爸爸项目能够在筹资之初就能引来众多关注，与京东以往累积起来的消费者基数密切相关。正因为这种优势上的联合，才促成了三个爸爸项目顺利筹资和发展。众筹过程需要有三方的参与：筹款人、投资者和众筹平台。筹款人需要在项目上花费精力，投资者需要慎重筛选项目，众筹平台则要提供服务、撮合筹款人和投资者。在产品众筹模式中，投资者更多是作为消费者存在的，那么筹款人就是生产厂商，众筹平台就是一个交易的场所。平台选择的适合与否，就决定了产品能够获得的关注度和什么样的消费者能够关注。"三个爸爸"选择了京东是它成功的一个重要原因，而对其他众多形形色色的产品众筹来说，选择京东却未必意味着一定能够成功。

因此，筹款人需要从"三个爸爸"项目中借鉴成功的经验，却也要仔细区分自己的项目与"三个爸爸"的不同。认清自己的产品特性，选择最适合自己的平台，才能顺利地促成自己项目的发展。

众筹在中国尚处于起步阶段，经历了最初的繁荣之后，也将有更多的从业者能够从已有的案例中发掘出更加符合众筹本质和国情特征的众筹路线。一个项目的成功，常常是对以往经验有意无意的总结，机遇和运气不可或缺；而未来，只有真正了解众筹的人，才能在更高的视角上玩转众筹，取得更大的成功。

第六章

众筹狂飙时代，
你还没玩过的玩法

如果给众筹一个标签，那应该是：WE ARE YOUNG！

正因为众筹如此年轻，所以才活泼多彩，存在着各种各样的可能性。他们有的狂放叛逆，有的倜傥不羁，有的娱乐搞怪，有的天马行空……

拥有 1600 元就能成为光伏电站的合伙人？

当清晨的第一缕阳光将温暖洒向大地的时候，可能您还沉醉在甜美的梦乡中，但此时，在遥远的宁夏，在古老的黄河岸边，已经有一片小小的硅晶板默默地开始了一天辛勤的工作，为您创造着财富，世界上还有比这更惬意的事吗？

而且更重要的是，它为您所创造的每一分财富，都是绿色的、清洁的、环保的，都是对地球母亲献出的最真挚的爱，世界上还有比这更令人开心的事吗？

提起太阳能光伏电站，在许多人眼中那是很高大上的东西，跟平常人的生活离得很远，其巨大的投资，更不是普通人所能企及的。众筹光伏电站？听上去似乎有点天方夜谭的感觉。

国内最大的民营光伏电站运营商，陕西中联电讯信息产业有限公司便是敢于第一个吃螃蟹者，其旗下子公司宁夏百事德新能源科技有限公司发售的全球首个光伏产业众筹项目——宁夏中宁红梧生态移民区 10MWp 光伏电站太阳能电池板及其收益权众筹产品，2014 年 10 月 30 日登陆特交所众筹平台"领筹网"，首期 1000 片太阳能电池板及其收益权众筹产品 7 天时间内即告售罄，共筹集资金 160 万元。

筹资方宁夏百事德新能源科技有限公司总共将发售太阳能电池板及其

收益权众筹产品3万片,预计总筹集资金4800万元。首期发售的1000片产品只是试销,用以测试市场的反映,从而在后面大规模发售时对产品回报和推广方案进行进一步的优化。

光伏项目之所以一上线就得到了大家的广泛关注和积极认购,主要得益于以下几方面原因:

首先,太阳能光伏发电行业为人类提供了清洁、绿色、可持续的能源,符合人类社会经济发展的方向,绿色环保的理念也得到了越来越多人的认同。虽然国内的太阳能光伏产业曾一度陷入低迷,但它作为一个朝阳产业必定有着巨大的发展前景,因此大家纷纷用手中的货币为光伏产业投下了支持票。

其次,从光伏产业链来看,近两年江西赛维、无锡尚德等太阳能巨头由于产能过剩纷纷陷入巨亏乃至破产的困境,但这对于光伏电站的运营商来说却是千载难逢的发展良机。作为占光伏电站投入最大部分的太阳能多晶硅电池板,其价格已大幅降至几年前的十分之一左右,这就大大降低了光伏电站运营商的投入成本和运营风险,再加上国家对光伏产业不断加大扶持力度,未来光伏电站的盈利是很有保障的。

再次,此次光伏项目在产品设计上更加符合众筹的理念,贴近客户的需求:

1. 进入门槛低。

发售商以每片太阳能电池板为最小众筹单位,最低只需1600元便可认筹一片太阳能电池板,即可分享每片太阳能电池板税前发电毛收入的40%作为收益。投入1600元便成为光伏电站的合伙人,真的不是天方夜谭。

2. 收益分配频次高。

由于国家电网是每季度与光伏电站结算电费及补贴收入,因而发售商在每季度收到电费及补贴收入后,便给认筹人分配收益,这样高的收益分配频次在市场上是不多见的。

3. 享受收益时间长。

因为太阳能电池板的设计使用寿命是 25 年，因而这一众筹产品也同样设计了长达 25 年的收益回报期，只要认筹人不选择退出，他便可连续 25 年每年享受 15% 左右的收益回报。

4. 退出机制灵活。

发售商在设计长达 25 年收益回报期的同时，也为认筹人设计了灵活方便的退出机制。发售商承诺在发售结束满 2 年后，对发售产品无条件原价回购，而在前 2 年也可以行使有条件退货赎回的权利，从而保证了客户资金的流动性。

光伏众筹产品设计的过程进行了多轮市场测试，很多首次接触该项目的大咖第一反应就是"光伏电站还可以众筹？""众筹还可以这么玩？"不错，这个产品的设计非常大胆地进入了一个大体量资金运作领域，并巧妙地设计成具备互联网思维的产品，可以说是一次勇敢的创新。如同毛泽东当年运动战中"化整为零"的理论，众筹也可以把一个庞然大物分割为无数小项，让屌丝也玩得起大产业，把大金融干的事情普惠化。这是众筹对实体经济及传统金融贡献出的一条小路，这条小路走得人多了，或可成为逆转民间碎片化财富参与主体经济发展的康庄大道。

晒娃神器的收益权众筹

晒娃神器，当然不是一种衣架之类的东西，而是一台手机照片打印设备。

这是一种新型智能硬件产品的奖励众筹吗？

当然不是。

本节要与大家探讨的众筹仍旧是一种收益权众筹，这种众筹方式跟融资租赁有异曲同工之妙，是器械类收益权众筹的典型案例。

话说，有这么一种照片打印设备，儿童乐园非常需要。因为就大家所见，小孩子玩耍时那些无聊的家长总是给孩子们拍很多照片，而晒娃的强烈心情又使得他们很容易掏钱打印出拍下的照片，这样就可以装裱在相框中，日晒夜晒。

故此，儿童乐园把这种需求转移出来，由有投资意愿的认筹人出资认购机器，这样机器就成功地摆到了儿童乐园，机器所有权归出资人所有，机器打印出的每张照片的收益，由双方分配。机器的销售和运维方，即此次众筹的筹资人。他负责把机器卖给认筹人，同时负责那些摆放进儿童乐园的机器的维护、检修、正常运行。三人行，方才为"众"，一方出钱，一方出地，一方出机器，共同享受机器收益。

这个众筹方案设计出来后，多地路演均得到很高认筹，到每个地方，几乎都有冲动的投资人想"团筹"百台乃至以上。而与此同时，这个在本书出版时仍旧在领筹网预热的案例，也深深地反映出了目前中国众筹或者说投资界的一个问题。

中国投资者热爱冒险和恐惧风险的程度是对等的。极度热衷高收益，同时极度害怕风险。这个产品的年化收益大概在40%~80%之间，非常高，这是各处路演颇受追捧的重要原因，市场预期很好；但是，由于这个项目是一次单纯的投资行为，行业外的人感觉无法把控风险，总在纠结这样的问题："有无保底""有无担保"，鱼与熊掌总想兼得。

想要保底和低风险，就请将货币存进银行。储蓄是风险最低的理财方式，但也仍旧存在风险。所以，做这个项目就深刻体会到，在众筹的世界里，对投资者适当性筛选是十分重要的。既然这是一次有一定风险但收益预期颇好的产品众筹，完成众筹就需要寻找那些能承受风险的认筹者。

除此以外，我们对于担保也产生了这样的思考。有靠谱的"担保"固然降低了投资人的风险，但是，我们要不要如此依赖担保？以及我们应该用什么样的担保？

中国的投资环境，并不是缺乏担保，恰恰相反，是缺乏"脱媒"的直接融资市场。直接融资最好的方式就是建立要素市场，风险和收益在市场中自由流转，让看不见的手左右价格和涨跌。2009~2010年，中国各地政府发放了一大批要素市场牌照，在经过2013年的大整顿后，要素市场交易功能被紧紧钳制，难以发挥市场交易效应。融资渠道依然垄断在传统金融渠道手中，互联网金融洞开一孔，照进少许光明。互联网的最大特点，就是直接、快捷、去夹层一步直达的交易，这本来就是一个直接融资的市场，虽然互联网平台不像要素市场一样具备更好的转让交易功能，但低成本运行本就是最大强项。

在这个走在路上的众筹案例中，我们深深体会到直接融资市场建立不易，像P2P，重新进入担保和抵押的传统金融套路中，融资成本并不像外界想象的那样低；如果，众筹也必然走向这个套路，那众筹这个阳光少年就失去了很多光彩。

作为中国首个交易所背景的领筹网，虽然有强制的风控措施，但并不要求每个项目需要有担保。风险告知和披露，可能比增加担保手段更适合这个阳光的市场。如果说，众筹有风险，你就不来了。那么，你可以选择在远方观赏。远方的风景也许更好看，但在精彩的风景里却缺少了一个你。

本众筹案例的产品设计在最终走向市场时，做了很多调整，比如增加了公司担保，增加了0~6个月认筹人的全额退出机制等，以降低认筹风险，使项目收益更加可控。但从这个案例中，参与设计者深刻地感受到中国的众筹市场也许会走向一个分级市场,一个投资者分级和风险分级的市场。风险并不可怕,因为风险总与回报如影随形。选择和甄别风险,才是最具价值的地方。

本书是如何完成"汉堡式"众筹的

OK,终于写到本书的众筹了。

首先我认为本书的书名起得非常棒。众筹需要解放,而我们也需要解放。只有把自己解放了,才可以去解放众筹,进而缔造一个新世界。

我们并不确认众筹的新世界长成什么样子,但我们幸运地走在路上。《解放众筹》这本书的众筹还有很多没有实现初衷的地方,作为策划者,我迫切地希望它是一部"人见人爱,花见花开"的作品。

所谓"汉堡式"众筹,是指本书前后共设计了三轮众筹。

第一轮:作者众筹,即收益权众筹。

当我们策划出本书内容和方向后,开始面向众筹一线豪杰们发布"江湖召集令",凡有才有志、能贡献见解并按要求完成相应章节内容的人,都可以分享首轮众筹成果。参与者规定动作和高品质完稿后,便可领取收益。作为典型的知识产权收益权众筹,每个认筹作者将分享每本书的固定版税收益。换句话说,该书出版后,每卖出一本,作者们就按相应比例分得相应收益。

第一轮众筹在书目策划一周后结束,众筹来的作者也跨越了老中青三代,有中国最老的信托从业者,有专业的法学硕士,有海外归来的企业高管,也有更多奋战在众筹一线的众筹平台和众筹项目的负责人。

所以,本书各章各节风格不尽统一,正是这本书的最大特色。每一行文字的背后,都是不同的阅历和观点,代表着众筹精彩的世界。

第二轮众筹:渠道众筹,即出版社众筹。

本书出版机构中国财政经济出版社,我们可以骄傲地说,是本书出版众筹的赢家。而且在众筹的过程中,几家出版社产生了激烈的角逐,这给了策划者很大的信心,同时也很欣喜本策划能受到专业出版人士的赏识。

不得不说,中国财政经济出版社的杨云先生,代表了出版界的先进生产力。能在一个传统领域大胆、快速、坦率地做事情,值得我辈尊敬。

第三轮众筹:读者众筹,即奖励众筹。

最后一轮众筹,也是最简单的众筹,与其他图书众筹的一般方式并无太大出入。感兴趣的书友们,可以提前认筹相应金额,完成图书预购。

笔者一直认为,读书是一件可以抚慰人生的事情。在帝都忙碌、乏味、短缺营养的生活中,每天静静地读一会儿书,是一天中最美丽的时光。所以,也希望书友们能珍惜阅读的好时光。

本书的第十章"众筹人在路上",就是由书友们一起写的。这也算是在更大范围内体现了众筹精神,让大家写一本大家看的书。至于为什么要让认筹者写众筹梦想,马云的话可以很好地回答这个问题:每一个人都应该有一个梦想,万一实现了呢!

是啊,万一实现了呢!

你的众筹梦想是什么?可曾为此尽到过职责。

在本书众筹的过程中,笔者深切体会到了为梦想尽职的快乐。大多数作者都有繁重的工作和更加繁重的社会交际,写稿基本在子夜凌晨完成。然而,每当他们想到自己是"解放众筹"项目一分子的时候,总是会感到"累并快乐着"。

如果让策划者们自己总结,"汉堡式"众筹最大的亮点就是把产品的生产众筹、渠道众筹和读者众筹同步实现,大大缩短了整个项目的运行周期。书还没有出来,还只有一个目录的时候,就已经有了付费的读者。

给读者写一本预订了的书,是很不同的体验。好像多了一层责任心,想要在最短的时间内写到最好。

事实上,本来还策划了更多好玩的互动方式,比如,为每位作者置入一个二维码,读者看到某处拿出手机扫描,就可点开链接,看到某章节的作者录制的一段与读者交流的视频。如果最终大家拿到本书,看到这个设置,就说明此梦想实现了。如果没有,至少策划者们为本书拍了一部"微电影"。

姑且叫作"微电影"吧,虽然内容有些粗糙。但这更恰如其分地表达了策划者想要表达的主题:WE ARE YOUNG! 就是这部"微电影"的名字。年轻多好!众筹也会一直走在路上。

众筹一棵生命树

1999 年,四个汉维两族兄弟一起闯进塔克拉玛干沙漠,种下第一棵核桃树,开始了艰难的植树治沙之路。

15 年,扎根荒漠;15 年,辛勤耕耘。当年的茫茫沙海,如今已变成了万亩果园,天鹅在自由地飞翔,红枣、核桃、香梨、巴达木……累累果实挂满枝头。

2014 年 11 月 13 日,在中国领筹人峰会上,以林丰硕果业的张银杰其大屏幕上的那句"只有荒凉的人生，没有荒凉的沙漠"直触心灵，给在场的认筹人留下深刻印象。

这是一个典型的收益权众筹案例，脱胎于以林果业原有的"认领"模式。即客户花费2000元可认领一棵远在新疆叶城县库尔勒果园的果树，认领后，该果树上会挂起刻有客户姓名和地区的牌子，这棵树的十年收益就归认领者所有。

此种模式，与近年来流行的小农庄会员模式很相似。客户以会员的身份认领一小块儿土地，土地的日常经营委托给农庄，农庄按照该土地生产量定期给客户配送"收成"，圆了都市高压人群当"地主"亲近大自然的美梦，同时也在一定程度上缓解了对餐桌食品安全问题的担忧。

但不同的是，城市周边的小农庄是把土地和蔬菜卖给了附近城市的客户，这些人在周末驱车即可到达自己的土地，高兴时还可以挽起裤脚劳作一下。而远在新疆的果树，是要开发全中国市场，如何解决信任问题呢？客户看不见摸不着，如何相信那遥远的地方有一个叫张银杰的帅小伙儿在兢兢业业地给他们种果树，不喷农药，不施化肥，在最美丽的季节采摘最甘甜饱满的果实，然后快递到960万平方公里上星罗布散的各个客户？

这就是众筹世界最大的问题：公信力。

阿里做"聚土地"有人相信，隔壁二大爷也在网上自己折腾一个，那就纯属瞎扯。众筹的增信有多种方式，第一种是自身既有强大公信力。平安好房众筹海外房产，最后平安集团发话承担一切责任，这事儿立刻便靠谱了。第二种就是平台具有强大公信力。京东做众筹，优势就在于京东服务口碑和品质一直不错。第三种就是第三方增信。如领筹网要求的保荐机制、担保机制等。其实，这世界还有最实在的第四种：你不相信，让你相信为止。

张银杰在这方面已经做出了很多努力，他使用现代互联网的方式，安装摄像头，远程让每个客户看到他的农场和果园，这也算是初步完成了"物联网"。在我国诚信体系还处于"发展中"的这一基本国情来看，靠技术比靠各种有机认证、协议靠谱了很多。也许有一天，客户可以通过手机APP软件来跟自己的果树实现互动。话说，一觉醒来，打开手机，数数树上一共长了多少个果子，那该是多么幸福的事情。

本书截稿时，张银杰的果树众筹刚刚上线，先以宣传推广的角度做了第一轮小额众筹。原来每2000元的认领价格，可以通过领筹网以100元或1000元达成。尤其是100元的价格，很多认筹人抢到即如中了大奖一般。第二轮众筹，则是奖励加收益权众筹的套装模式。领筹网初步设计是认筹一棵成年果树，可以得到一棵成年树加一棵幼年树。成年树可收获果实，幼年树则可在未来带来收益。但意义最大的是，通过这种方式，可以让新疆的沙漠中种上更多的树，焕发更大的生机。

在交流中，张银杰这个沙漠中长成的汉子最多的感慨，就是沙漠中的树。他说，在当地，树就像儿子一样亲切。有树的地方，沙漠就会退去，家园就会出现。有了树，才会有人。张银杰的2000亩果园与13万棵果树，就是在沙漠里建起的绿洲。每一个相信他的人，认筹果树的人，都是在创造和护佑生命，所以，这也算是一个公益众筹吧。

硒土地众筹，筹什么？

本书名为"解放众筹"，众筹到底解放了什么？又如何解放众筹？在上好便利零售帝国的周星轲带队去"中国硒都"考察的路上，这成了一个主要问题。

硒是人体最重要的微量元素之一，已被证明具有防癌抗癌与延缓衰老的功效，被誉为"生命的火种""健康的源泉"和"心脏的守护神"，长寿地区土壤中大都富含硒元素，富硒食品是难得的营养和保健佳品。

由于硒主要以自然硒微粒被有机质和黏土矿物吸附，因而学界过去普遍认为硒不独立成矿，而恩施硒矿床的发现，则改写了"硒不能形成独立工业矿床"的学术界论断。湖北恩施市是迄今为止"全球唯一探明独立硒矿床"所在地，境内硒矿蕴藏量居世界第一，是世界天然生物硒资源最富集的地区。在硒矿床的分布区，含硒石煤经风化、雨淋、水迁徙进入土壤和水体，致使这些区域的土壤平均硒含量和面积、粮食作物、饲草饲料、畜禽产品、中草药及山泉水中硒含量是国内其他地区的十几倍甚至几十倍，形成独特立体分布的天然富硒生物圈。在2011年9月19日第十四届国际人与动物微量元素大会，"仙居恩施"国际硒资源开发利用研讨会上，恩施被授予"世界硒都"的殊荣。对所有硒产业从业者来说，这里是硒的圣地，所以到恩施，便是硒都的朝圣之旅了。

同前一案例的果树众筹一样，硒相关产品的众筹也是围绕农产品展开的，只是外延的产品要丰富很多。在当地，只要地里能够种出来的东西，都是富硒产品。玉米、茶、大豆、泉水、萝卜、魔芋，加工产品：菜籽油、板党酒、刺梨汁，以及附着在恩施土地上热情绚丽的土家文化。

恩施是周星轲的故乡，他生于斯长于斯，后去珠三角一手建立他的零售帝国——上好便利。是把家乡的富硒产品放进自家的便利店货架，还是用众筹的方式来实现土地的流转？为此，周星轲特别请了早年投资上好的FDS中国资本掌舵人、领筹网创立者也是本书主编刘文献院长、硒产业扶贫先锋硒姑娘赵主席、中国药文化研究会秘书长毕会长、北京亿嘉律所孙律师、周县长等专家共同参详这个问题。

第一，众筹生产者。

众筹土地的模式，不仅可以突破地域空间的限制，将天然富硒产品卖给需要的人。而且将遥远的土地和遥远的人通过众筹结合在一起，从而找到适合的生产者。

所以，恩施硒众筹，可以不众筹产品，而众筹天然硒资源。众筹面向的对象，也可以不是终端消费者，而是硒产品的生产者。如果政府能够众筹到一家高品质的涉农企业，或许中国硒都的产品便能真正崛起。

第二，众筹产品经理。

时下，中国最缺乏的是有素养、有审美能力的产品经理。就像乔布斯造出手机里的"分割线"苹果一样，我们的各个行业都极度缺乏乔布斯这样的产品经理。雷布斯，只是照抄了一下作业，顺便做了下发挥，便把一个手机新秀做成拥有千万粉丝的"偶像"产品。

中国硒都恩施遍布富硒产品，可是，真正的产品要具备特立独行的品格、打动人心的素养。用乔布斯在中国的另一个学生罗永浩的说法，就是要有情怀。而情怀，就体现在产品细节上；用乔布斯在中国的第二代学生，雷布斯的左膀右臂黎万强的话说，就是要"走心"。

中国遍布充满山寨感、面貌雷同、缺乏精神气质的产品，能为某个行业补上这一课的人，必定是要影响整个行业的人。所以，硒都，请各位都来众筹这样一位大神吧。

第三，众筹渠道。

所谓"酒香也怕巷子深"，无论产品有多牛，最后牛的可能都是渠道商。渠道确实是产品和顾客间的纽带。无论这个渠道是某个电子商务平台本身，还是周星轲自己遍布珠三角2000家以上的便利店，要想成为中国具有影响力的硒都，需要众筹到高效的渠道。

图6-1 恩施硒都,云雾缭绕

非诚勿扰——无游戏不众筹

自众筹模式传入中国以来,"众筹"一词对于项目发起方来说更多是一个免费的、免责的集资渠道,大多数人不知道众筹背后的实质是通过一种众筹方式创造并放大价值,而非一般的集资,不知道参加本身和投资一样有价值,推动参加的过程也是一个价值创造的过程。自由、平等、分享和自我责任高度和谐统一的互联网精神才是众筹的本质,才是众筹与集资或贷款等金融手段的根本区别。

无疑，这一特性更加适合游戏这个载体。首先，游戏的娱乐众生属性让众筹更具号召力；其次，游戏制作过程中更多的互动参与有利于游戏更贴近用户对象；最后，游戏成功与否取决于上线后的粉丝数量与质量，这就决定了整个众筹的过程也是一个宣传推广并获得粉丝的过程，也是一个开源（获得粉丝和用户）节流（节约广告和推广费用）的过程。而这个过程会因为是游戏而变得更加有趣且更具魅力。更重要的是，游戏创造过程因为加入了众筹的要素而变得更加开放和接近游戏本质。众人玩的游戏为什么不让更多人参与，众人参与才符合移动互联网时代的"创造之道"。

当然，这并不妨碍我们从另一个角度提出警告：不要把"众筹"仅仅当成只是一群人因为兴趣而共同做一件事（从兴趣出发更多体现了一种营销方式），反对不从商业角度去思考用户价值，忽视投资回报的行为。一切商业行为必然要遵守商业规律，投资需要涉及风险评估和价值回报。而且我们承认，一个成功的众筹项目除了具有一定的价值与可传播性之外，还要有商业的可行性。

游戏制造其实是一种艺术制造（注意：我们没有用"创造"这个词）过程，一款游戏的成功要与更多的要素互动，特别是数字游戏时代，更特别是手游时代，更具有不可复制性。其实游戏不适合与传统 VC 中途介入，若不停止，将来还会有很多悲剧发生。而游戏与众筹却是天生一对，为了防止这种悲剧发生，我们更要研究游戏与众筹的模式，更要创造一个成功的案例。

游戏众筹即粉丝众筹，而粉丝有别于传统投资人。我们实在需要一个实现资本和市场双丰收的游戏众筹案例，需要一个成功的案例。为什么是"非诚勿扰"呢？这是本节的游戏众筹创意。

关于"非诚勿扰"那档无人不知的相亲类节目，已经有了强大的粉丝群体和知名度。同名游戏开发，其想象力空间主要体现在：社交平台＋游戏平台＋婚恋平台。

1. 与游戏相关的社交平台性质设想，SNS互动平台性质。

社交平台除了本平台功能之外，还可以让用户在社交媒体上分享游戏内的数值和成就。同时，用户可以邀请微信上的心动女生进入社交平台实现表白功能。社交平台中的游戏中心可以实现打通关节，实现多款游戏内的男女嘉宾的道具和语言互动。最重要是实名登录体系的实现，避免普通游戏平台上的"乱象"。

2. 游戏平台性质。

男女嘉宾因是速配，所以在配对成功后，还需要进一步加深感情，无论是小游戏，还是动漫、视频等，都可以作为男女嘉宾在平台内进行互动的工具，实现共同娱乐。

3. 婚恋平台性质。

通过配对游戏，实现互动接触，线上配对后继而实现O2O互动发展，继而线下深度交往，餐饮、娱乐……恋爱经济，有无限的拓展性。

项目立足于解决男女婚恋这个实际问题，计划和"非诚勿扰"节目互动，从项目创新点和社会问题点挑起争论和话题。从发起到结束，项目将通过建立"非诚勿扰社区"，与粉丝展开全程互动。同时通过微信、微博、论坛等新媒体形式把互动链条及平台整合到位，吸引关注。细节、期盼、祝福，各个层面从人性的不同点汇集社会关注，重在显出粉丝的刚性需求，清晰凸显"非诚勿扰"婚恋游戏平台的定位和独特且极具魅力的解决方案，特别突出其通过在游戏平台上的"共同创造"，实现"非诚勿扰"式新的交友方式，实现"今天你'非诚勿扰'了吗"的社会流行现象。

我们必须明确众筹粉丝的目的，明确兴趣才是整个策划的契合点。作为一款以婚恋为主题的游戏及社交平台，游戏的趣味性和平台的功能性，可以让更多的人在游戏开发中的参与变得更加自然。

我们需要有一个官方网站持续进行项目情况和进度的监控，与我们使用的众筹网站的项目页进行互动和互补。

此项目还有一个很大的优势，那就是除了大的婚恋、交友类网站，游戏网站是我们发展众筹用户的主战场，在门户网站、搜索引擎、微博等大数据里，涉及婚恋、交友的群体还大量存在，都是我们可以挖掘的金矿。比如，我们要告诉婚恋群的朋友们：邀请异性伙伴一起来"非诚勿扰"玩游戏，他们不仅可以玩游戏，而且还可以在这个充满乐趣的过程找到对象，他们会有兴趣；我们要告诉游戏群的朋友们：到我们的平台来吧，一边玩游戏一边赚"对象"；我们告诉游戏开发商我们有粉丝有平台，请他们开发适合我们平台的游戏，他们也是众筹对象。

当然，如果仅仅是把粉丝招来，而不打造互动平台，粉丝很快就会散去。对于一款婚恋主题的游戏，最重要的是要有女性粉丝的参与和互动，要对粉丝进行整合和管理。整合的目的是得出大数据，管理的目的是让大数据有灵魂。其中非常重要的是要让粉丝管理粉丝，让粉丝生粉丝。比如，从活跃粉丝中选粉丝 leader，leader 负有很多的职责，比如，及时了解粉丝的动向和需求，号召粉丝自主宣传推广，不断提升粉丝热情和持续关注度，实时制造和引导舆论话题，按计划或自主组织线下活动强化黏性，与程序组及时沟通，反馈粉丝的建议和想法。

他们是用户、是粉丝、是创造者、是守护神，他们才是我们众筹最想要的对象。可以说，找到他们，你就什么都有了。

第七章

众筹的边界

在互联网金融的世界,可谓一半海水,一半海螃蟹。一方面,众筹如此火树银花,一方面又让人望而生畏。所以我们解放众筹,首先要从法律上解放众筹者,法律不是用来约束众筹,而是用于保护众筹这个阳光"少年"的。

关于众筹，法律到底说了什么

众筹，我们听起来很动人，看起来也很美，但实际上做起来却是非常不容易的。说它不容易主要在于两点，一是信任，二是法律。

金融的本质，是解决信任的问题。目前，金融的成本很高是因为信任的成本太高，而互联网的特点正是公开、透明的，由此使原来藏着、掖着的不愿意让别人看到的东西通过互联网被大家看到了，于是在彼此之间就增加了信任。互联网是通过降低信任的成本从而降低金融的成本的，这就是互联网金融的优势。因为降低了金融成本，互联网金融把传统金融从高高在上的神坛上拉了下来，让金融成为屌丝都能玩的大众游戏。但是，人类的思维也是有惯性的。目前，大多数人还沉浸在对传统金融的风险恐惧中，而且对刚刚出现的众筹金融模式既欣喜，又心存疑虑，所以在国内新建的众筹平台现在几乎都不好做。虽然在2011年7月就有先行者开始做众筹的"点名时间"，并于2014年5月撕掉了众筹的标签，转型进入智能硬件领域，开始做起了电商。但与此相对应的是，那些后来进入众筹领域的阿里、京东、百度等行业大鳄却将众筹玩得风生水起，这些行业大鳄通过对品牌的背书开始用众筹的方式跑马圈地。普通大众和屌丝们如何通过互联网技术和交易模式的设计解决人们的信任问题，这在一定程度上决定着众筹的未来。

　　另外对众筹而言，比信任还要重要的是法律问题，信任影响众筹做得是快还是慢，而法律决定着哪些能做，哪些不能做。法律问题已经成为众筹道路上的地雷，实践者一不小心踩上就会被炸得粉身碎骨。说到众筹，人们首先会问：众筹可以做吗？法律允许众筹吗？哪些众筹能做？哪些众筹不能做？什么是非法集资？众筹和非法集资如何划分？众筹的边界在哪里？这些问题不解决，众筹实践者就像闭着眼走路，一不小心就会被它们撞倒。

　　虽然众筹不是什么新鲜事物，众人拾柴火焰高的例子自古就有，尤其是随着互联网时代的到来众筹这事变得更加容易了，但我们翻尽浩繁的法律条文，始终未见其中有"众筹"一词。众筹目前不是一个法律术语，法律条文既没说众筹是什么，更不可能给众筹划定法律红线。事实上，互联网金融在最近几年才刚刚发展起来，而我国的法律总是滞后的，它还没来得及对互联网金融包括众筹做出反应。因此，我们无法在现有的法律法规体系中找到直接适用于众筹的法律法规，但这并不意味着众筹不受法律的约束。在现有的我国法律法规中，与众筹相关的法律条文很多，最直接相关的有以下规定。

一、关于非法集资的概念

　　中国人民银行颁布的《关于取缔非法金融机构和非法金融业务活动中有关问题的通知》规定：

　　非法集资是指单位或者个人未依照法定程序经有关部门批准，以发行股票、债券、彩票、投资基金证券或其他债券凭证的方式向社会公众募集资金，并承诺在一定期限内以货币、实物或其他方式向出资人还本付息或给予回报的行为。

二、非法吸收公众存款或变相吸收公众存款的构成要件

2010年10月，最高人民法院《关于审理非法集资刑事案件具体应用法律若干问题的解释》第一条规定：

违反国家金融管理法律规定，向社会公众（包括单位和个人）吸收资金的行为，同时具备下列四个条件的，除刑法另有规定的以外，应当认定为刑法第一百七十六条规定的"非法吸收公众存款或者变相吸收公众存款"：

1. 未经有关部门依法批准或者借用合法经营的形式吸收资金；
2. 通过媒体、推介会、传单、手机短信等途径向社会公开宣传；
3. 承诺在一定期限内以货币、实物、股权等方式还本付息或给付回报；
4. 向社会公众即社会不特定对象吸收资金。

三、非法吸收公众存款或变相吸收公众存款的追诉标准

2010年10月，最高人民法院《关于审理非法集资刑事案件具体应用法律若干问题的解释》第三条规定：

非法吸收或者变相吸收公众存款，具有下列情形之一的，应当依法追究刑事责任：

1. 个人非法吸收或者变相吸收公众存款，数额在20万元以上的，单位非法吸收或者变相吸收公众存款，数额在100万元以上的；
2. 个人非法吸收或者变相吸收公众存款对象在30人以上的，单位非法吸收或者变相吸收公众存款对象在150人以上的；
3. 个人非法吸收或者变相吸收公众存款，给存款人造成直接经济损失数额在10万元以上的，单位非法吸收或者变相吸收公众存款，给存款人造

成直接经济损失数额在50万元以上的;

4. 造成恶劣社会影响或其他严重后果的。

四、关于公开发行的概念

《中华人民共和国证券法》第十条第二款对公开发行的概念界定:

1. 向不特定对象发行证券的;
2. 向特定对象发行证券累积超过200人的;
3. 法律、行政法规规定的其他发行行为。

众筹与非法集资的界限在哪里

在上一部分末尾大家看到一堆法律法规,可能会被这些对非法集资或非法吸收公众存款的规定吓一跳,也可能会头脑发蒙,到底这众筹还能不能做啊?到底什么是非法集资?众筹和非法集资的界限到底在哪里?

任何法律的背后都有立法目的,我国对非法集资的立法目的之一在于防止集资诈骗。集资诈骗就是以非法占有他人财产为目的,没有真实的交易关系,通过捏造事实或隐瞒真相,把他人的财物骗为己有的行为。集资诈骗的主观目的就是骗,而绝大多数的众筹都是为实体经济服务的,不是为了骗取资金非法占为己有,无论众筹以后的结果如何,都不属于集资诈骗。

我国对非法集资的立法目的之二是保护银行的专属经营权。老百姓有储蓄的要求,但只能把钱存在银行,因为银行有严格的风险控制系统,可以保障储蓄的安全，所以国家赋予银行吸收存款的专属经营权。其他非银行机构不能做银行的吸收存款的储蓄业务，一旦做了且达到一定的金额或人数，就构成非法吸收公众存款罪。我国法律这样规定也是为了保护存款人的利益，银行有存款准备金制度、风险控制制度等，它们能够保障存款人的利益。而其他机构和个人不具备银行风险控制机制，即使其实力很雄厚，并且觉得存款人把钱存在自己那没问题，但谁能保证哪天不会出问题了呢？因此，我国法律不允许其他机构和个人向公众吸收存款是有道理的，所以在国内众筹不能抢银行的饭碗，不能干类似银行储蓄的事。

非法集资的主要表现形式就是集资诈骗、非法吸收公众存款或变相吸收公众存款。非法吸收公众存款表现形式是以金钱的方式归还本金并支付固定利息的，而变相吸收公众存款可能是通过实物回报等方式支付利息，其实质仍是非法吸收公众存款。

非法集资还有一种特殊的表现形式，那就是擅自公开发行股票。限制公开发行股票也是我国对非法集资立法的目的之一。股票是股权的表现形式，股权投资不保本、不保息，当公司亏损倒闭时，股权投资可能会颗粒无收。为保护股票投资人的利益，只有股份有限公司经中国证监会核准并经过严格的信息披露程序才能公开发行股票。根据《中华人民共和国证券法》的规定，向不特定人或向超过200的特定人发行股票属于公开发行股票，公开发行股票必须经过中国证监会核准。

面对我国对非法集资相关法律规定所织成的天罗地网，在国内众筹的空间还有多大呢？答案是：国家对非法集资只是划定了几条红线，在红线之外国内众筹则拥有广阔的空间。对于众筹，针对非法集资的我国法律规定主要划定了三条基本红线：（1）在国内众筹不能做银行储蓄的事，不能像银行一样面对公众吸收存款并到期还本付息；（2）在国内众筹不能搞集资诈骗，不能捏造事实，以众筹为名骗取别人钱财；（3）在国内众筹不能公开发行股票,不能向不特定的公众卖公司股权。以上三条红线就是众筹与非法集资的界限,在这三条红线之外,在国内众筹是自由的。

区分众筹和非法集资的界限有多个参考维度,其主要的参考维度有:动机是否纯正?信息披露是否充分?对投资人是否有保障?等等。众筹和非法集资的区别首先在于动机,即:目的是什么?是否有真实的商务内容。众筹的目的是做事,或者是生产一种产品,或者是完成一个项目,或者是做好一个企业,总之是以做事为目的。而非法集资的目的在于吸金,想挣快钱,做事只是其表面的幌子。起心动念很重要,对于真正的创业者,法律是宽松的,法律的利剑所要打击的主要是那些以创业为名骗钱的人。

信息披露是否充分是区分众筹和非法集资的重要方面。众筹是透明的,从团队情况到项目细节,从商业模式到资金用途,从企业架构到财务数据。众筹是一个阳光少年,总是全面地向投资人展示自己,不怕别人评论,不怕别人挑刺。而非法集资总是遮遮掩掩,捏造事实,掩盖真相,不敢充分披露自己,不敢面对真实的自己,怕别人提问题,总是竭力掩盖自己丑恶的嘴脸。

区分众筹和非法集资还有一个重要的参考,则是我们要看对投资人是否有保障。是否有保障并不是说我们看筹资人说了什么或承诺了什么,而是看整个交易架构是否有充分的风险控制机制。一个好的众筹或筹资人总是把投资安全和投资者的回报放在第一位,即好的众筹项目一定有严密的风险控制措施,好的筹资人是愿意做劣后的合作者,好的筹资人是愿意拿出身家性命做担保的人。而非法集资项目或集资人往往以高回报为诱饵,而实际上并没有风险控制措施,没有资金安全保障,一旦资金到手后集资人就会溜之大吉。

众筹的法律风险及其防范

众筹是项目发起人通过利用互联网和社交网络传播的特性，发动公众的力量，集中公众的资金、能力和渠道，为中小企业、创业者或个人进行某项活动或某个项目或创办企业提供必要的资金援助的一种融资方式。相比于传统的融资方式，众筹的精髓在于小额和大量。它的融资门槛低，而且不再以是否拥有商业价值作为唯一的判断标准，这就为新型创业公司的融资开辟了一条崭新的路径。目前，众筹作为一种新兴的融资方式发展非常迅速。众筹面向社会大众发起，突破了传统融资只针对特定高收入群体发起的模式，使得普通大众有机会参与到投、融资活动之中。与此同时，众筹作为一种金融活动，自然离不开法律的管制。目前，中国关于金融的法律体系都是针对传统金融设计的，而互联网金融一方面填补了传统金融的空白，另一方面又是对传统金融的创新。因此，如果我们把国内的法律比作衣服，现在的衣服是给四肢健全的传统金融准备的，穿在传统金融上挺合适，可是众筹长着三头六臂，现在的衣服它穿不上，而且为其准备的新衣服又没做好。结果造成众筹穿着传统的法律服装，浑身感到不自在；法律抱怨众筹长得不对，众筹又抱怨法律这件外衣实在太小。此种状况表明，现在的中国法律并不支持金融创新，众筹的发展有待于新的立法的支持。这也就是说，国内法律从来都是滞后的，有关众筹的法律还要靠众筹者们的长期实践去创造。

但是，众筹法律的滞后并不意味着众筹不受现在的法律约束。在现实社会中，任何事物都不可能超越法律而存在，所以众筹这一新生事物在旧的法律体系面前也不得不低下头来。由于国内专门的众筹立法缺失,从而导致我们对实践中的众筹项目的各种相关安排都是在现有的法律框架下尽可能寻找有关的依据,以确保其合法性。众筹,具体又分为债权众筹、股权众筹、奖励众筹、经营权众筹和公益众筹,等等。债权众筹,即投资者对项目或公司进行投资,获取一定比例的债权,借此在未来获取利息收益并收回本金,P2P即是一种债权众筹。股权众筹,即投资者对项目或公司进行投资,获取一定比例的股权。奖励众筹是投资者对项目或者公司进行投资,获取产品或服务。经营权众筹是投资者对项目或公司进行投资,基于联营获得一定期限的收益权,而不用稀释股权。公益众筹是投资者对项目或公司进行无偿捐赠。面对现有的中国法律规定,这五种众筹都存在着法律风险,但我们也都可以设计出一定的法律防范对策。现将针对五种众筹的法律风险及其防范对策,分述如下:

一、债权众筹(P2P)

P2P网贷平台目前在中国有1500多家,成交金额达2000亿元。P2P网贷平台由于成本低、效率高、受时间和空间的限制小,其发展得非常迅速。而且在P2P网贷平台上发生的是借贷行为,这种借贷是脱媒后的直接融资,尤其是P2P网贷平台不属于金融机构,尚未被纳入监管体系,其运营缺乏明确的法律依据。因为P2P网贷平台缺乏准入门槛、行业标准和主管机构,违法成本低,加之信息不对称及缺乏风险控制机制等问题,所以P2P网贷平台极有可能会发生虚构借款人、挪用资金甚至骗取资金等行为。

(一)债权众筹各主体所面临的法律风险

1. P2P网贷平台的法律风险。

(1) P2P网贷平台在经营过程中通常会要求客户上传详细的个人信

息，但该平台缺乏健全的保密措施，容易导致个人信息的泄露与滥用，甚至侵犯客户的隐私权。

（2）P2P网贷平台难以对出借人的资金来源和去向进行核实，因此可能会诱发洗钱的发生。

（3）P2P网贷平台是金融信息发布平台，属于广告发布者。

最高人民法院《关于审理非法集资刑事案件具体应用法律若干问题的解释》第八条规定：广告经营者、广告发布者违反国家规定，利用广告为非法集资活动相关的商品或服务作虚假宣传，具有下列情形之一的，依照刑法第二百二十二条的规定，以虚假广告罪定罪处罚：

· 违法所得数额在10万元以上的；

· 造成严重危害后果或恶劣社会影响的；

· 2年内利用广告作虚假宣传，受过行政处罚2次以上的；

· 其他情节严重的情形。明知他人从事欺诈发行股票、债券，非法吸收公众存款，擅自发行股票、债券，集资诈骗或组织、领导传销活动等集资犯罪活动，为其提供广告等宣传的，以相关犯罪的共犯论处。

（4）采取债权转让模式的P2P网贷平台，此平台向不特定的公众借款人进行债权转让，转让的内容包括本金和利息，有公开发行证券的嫌疑。

《中华人民共和国证券法》第十条规定：向不特定的社会公众或向超过200人的特定对象发行证券属于公开发行，而公开发行需要经过证监会核准。

2. 出借人的法律风险。

（1）利率。

《中华人民共和国合同法》第二百一十一条规定：自然人之间的借款合同对支付利息没有约定或约定不明确的，视为不支付利息。自然人之间的借款合同约定支付利息的，借款的利率不得违反国家有关限制借款利率的规定。

《最高人民法院关于人民法院审理借贷案件的若干意见》第六条规定：民间借贷的利率可以适当高于银行的利率，各地人民法院可根据本地区的实际情况具体掌握，但最高不得超过银行同类贷款利率的四倍（包含利率本数）。超出此限度的，超出部分的利息不予保护。

（2）电子合同。

《中华人民共和国电子签名法》第三条规定：民事活动中的合同或其他文件、单证等文书，当事人可以约定使用或者不使用电子签名、数据电文。当事人约定使用电子签名、数据电文的文书，不得仅因为其采用电子签名、数据电文的形式而否定其法律效力。

《中华人民共和国电子签名法》第十四条规定：可靠的电子签名与手写签名或盖章具有同等的法律效力。

有的P2P网贷平台不提供电子合同，或者未按法律规定的形式生成电子合同，或者无电子签名，致使借贷合同的主体和内容不够明确。

（3）借款人不适合。

有些公司的法定代表人或股东以公司的名义借款，但未经公司股东会或董事会同意，借款到期后可能存在公司或其他股东不承认借款效力的情形。

（4）借款人违约。

由于借款人无还款能力或者恶意违约，致使借款人的本金和利息无法按时收回。

3. 借款人的法律风险。

（1）集资诈骗。

《中华人民共和国刑法》第一百九十二条规定：以非法占有为目的，使用诈骗方法非法集资，数额较大的，处5年以下有期徒刑或拘役，并处

2万元以上20万元以下罚金；数额巨大或有其他严重情节的，处5年以上10年以下有期徒刑，并处5万元以上50万元以下罚金；数额特别巨大或有其他特别严重情节的，处10年以上有期徒刑或无期徒刑，并处5万元以上50万元以下罚金或没收财产。

最高人民法院《关于审理非法集资刑事案件具体应用法律若干问题的解释》第四条规定：以非法占有为目的，使用诈骗方法实施本解释第二条规定所列行为的，应当依照刑法第一百九十二条的规定，以集资诈骗罪定罪处罚。使用诈骗方法非法集资，具有下列情形之一的，可以认定为"以非法占有为目的"：

- 集资后不用于生产经营活动或用于生产经营活动与筹集资金规模明显不成比例，致使集资款不能返还的；
- 肆意挥霍集资款，致使集资款不能返还的；
- 携带集资款逃匿的；
- 将集资款用于违法犯罪活动的；
- 抽逃、转移资金、隐匿财产，逃避返还资金的；
- 隐匿、销毁账目，或搞假破产、假倒闭，逃避返还资金的；
- 拒不交代资金去向，逃避返还资金的；
- 其他可以认定非法占有目的的情形。

（2）非法吸收公众存款。

最高人民法院《关于审理非法集资刑事案件具体应用法律若干问题的解释》第二条规定：实施下列行为之一，符合本解释第一条第一款规定的条件的，应当依照刑法第一百七十六条的规定，以非法吸收公众存款罪定罪处罚：

- 不具有房产销售的真实内容或不以房产销售为主要目的，以返本销售、售后包租、约定回购、销售房产份额等方式非法吸收资金的；

·以转让林权并代为管护等方式非法吸收资金的；

·以代种植（养殖）、租种植（养殖）、联合种植（养殖）等方式非法吸收资金的；

·不具有销售商品、提供服务的真实内容或不以销售商品、提供服务为主要目的，以商品回购、寄存代售等方式非法吸收资金的；

·不具有发行股票、债券的真实内容，以虚假转让股权、发售虚构债券等方式非法吸收资金的；

·不具有募集基金的真实内容，以假借境外基金、发售虚构基金等方式非法吸收资金的；

·不具有销售保险的真实内容，以假冒保险公司、伪造保险单据等方式非法吸收资金的；

·以投资入股的方式非法吸收资金的；

·以委托理财的方式非法吸收资金的；

·利用民间"会""社"等组织非法吸收资金的；

·其他非法吸收资金的行为。

4. 第三方支付的法律风险。

P2P网贷平台引入第三方支付进行资金托管，其目的是该平台不直接触碰出借人的资金，避免形成资金池，从而保障出借人的资金不被挪用。第三方支付应当与此平台签订托管协议。在未签订托管协议的情况下，该平台只是在第三方支付开个账户而已，此账户还是由此平台控制，并不能防止该平台挪用出借人的资金。对于停留在第三方支付平台账户中的沉淀资金，法律没有对资金的使用等做出明确规定，但央行要求第三方支付的资本金和客户的沉淀资金的比例不低于十分之一。此外，第三方支付一般连接5家银行，超出5家银行要增加资本金和备付金。上述要求的目的是要保证支付结算客户资金的安全，并防止有人利用第三方支付进行洗钱和犯罪。

5. 担保的法律风险。

（1）房产抵押。

房产抵押存在 3 种风险：其一，婚后购买的房产，虽然房产证上只有一个人的名字，但该房产应属于夫妻共同财产，由夫妻双方共有。

《中华人民共和国担保法》司法解释第五十四条规定：共同共有人以其共有财产设定抵押，未经其他共有人的同意，抵押无效。因此，对于属于夫妻共有的房产，在办理抵押时，夫妻双方都应当在抵押合同上签字；其二，以正在出租的房屋办理抵押的，根据买卖不破租赁原则，抵押人行使抵押权不影响原租赁合同的效力，如果承租人已经提前交付了租金，这会直接影响抵押权人的现实利益；其三，如果抵押的房产是抵押人唯一的住房，或房屋中有老人居住，就会影响抵押权的变现。

《最高人民法院关于人民法院民事执行中查封、扣押、冻结财产的规定》第六条规定：对被执行人及其所扶养家属生活所必需的居住房屋，人民法院可以查封，但不得拍卖、变卖或抵债。

《最高人民法院关于人民法院民事执行中查封、扣押、冻结财产的规定》第七条规定：对于超过被执行人及其所扶养家属生活所必需的房屋和生活用品，人民法院根据申请执行人的申请，在保障被执行人及其所扶养家属最低生活标准所必需的居住房屋和普通生活必需品后，可予以执行。

（2）票据质押。

中小企业在 P2P 网贷平台上融资时经常使用票据质押，目前主要使用银行承兑汇票进行质押。目前，在国内逐渐出现了以买卖银行承兑汇票进行投机获利的"倒票"行业，没有真实贸易背景的"倒票"行为加剧了法律风险。贴现方必须向出票行发出查询通知，以查明票据是否真实、是否被挂失以及是否被除权判决。

(3) 供应链融资。

供应链融资是 P2P 网贷平台将核心企业与其上下游企业结合在一起，以供货商的动产和应收账款做质押所形成的融资模式。目前，中国法律仍不允许以未来财产和价值不确定的财产作为担保物，而且动产质押有时会落空，导致质押权得不到切实的保障。

（二）债权众筹的法律风险防范

2013 年 11 月 25 日，在中国银监会牵头的国家九部委处置非法集资部级联席会议上，央行条法司将以下三种情况界定为"以开展 P2P 网络借贷业务为名实施非法集资的行为"：

1. 资金池模式。

资金池模式是网贷平台先向放贷人吸收存款，或者网贷平台通过将借款需求设计成理财产品出售给放贷人，再寻找借款人进行放贷等方式。资金池模式让放贷人的资金进入网贷平台自己的账户，网贷平台可以自行支配资金的使用。这一模式实际上是开展借贷金融业务，先向不特定的人公开借款，再向其他人放贷，从中赚取利差，这显然是属于非法吸收公众存款的犯罪行为。

2. 不合格借款人导致的非法集资风险。

网贷平台经营者未尽到借款人身份真实性核查义务，未能及时发现甚至默许借款人在平台上以多个虚假借款人的名义，发布大量虚假借款信息，向不特定多数人募集资金。在这种模式下，融资方借助网贷平台向社会公众进行非法集资活动，网贷平台明知或应当知道而不进行制止，从而帮助融资方完成非法集资活动。

3. 庞氏骗局模式。

网贷平台经营者发布虚假的高利借款标募集资金，先通过借新贷还旧贷方式骗取信任，不断募集资金，然后携款潜逃。在该模式下网贷平台本身就是集资诈骗主体，网贷平台迅速聚集大量资金后潜逃，是典型的集资诈骗犯罪。

二、股权众筹

2014年上半年，国内众筹领域共发生融资事件1423起，募集资金1.88亿元。其中，股权类众筹事件共430起，募集资金1.56亿元，占募资资金总额的83%，股权众筹发展空间巨大。股权众筹最大的特点是投资回报通过股权的形式得以体现，风险比债权众筹高。股权众筹虽然具有非常广阔的前景和发展空间，但与其他互联网金融模式相比，其法律风险最大。股权众筹的最大风险，就是法律风险。

股权的性质是属于证券，股权的形成有两种方式，即私募和公开发行。《中华人民共和国证券法》第十条第一款规定：公开发行证券，必须符合法律、行政法规规定的条件，并依法报经国务院证券监督管理机构或国务院授权的部门核准；未经依法核准，任何单位和个人不得公开发行证券。

股权众筹不能采取公开发行的方式，只能采取私募发行的方式。所谓私募发行，就是向特定的人员发行且人数不超过200人。目前，《中华人民共和国证券法》正在修改，将来可能会在一定条件下允许股权众筹面向社会公众募资，即将出台的股权众筹监管政策也可能会对股权众筹向不特定的社会公众募资做出规定。但在现有的法律环境下，股权众筹只能通过私募的方式针对特定对象进行募资，而不能公开向社会公众募资。

那么，什么是社会公众？什么是特定对象？有没有办法将社会公众转化为特定对象？这是股权众筹最关注的话题之一。

实践中，多数股权众筹平台采取会员制，以实现社会公众向特定对象的转变。但什么标准可以实现特定化的目的，《中华人民共和国证券法》没有规定。社会公众概念的核心和本质是保护投资者，投资者的身份和资质是区分社会公众与特定对象的重要标准。

从各国经验来看，界定私募中交易对象的范围主要包括3个标准：（1）投资经验；（2）与发行人的特殊关系；（3）财富标准。众筹平台一般会通过实名认证、提交资质证明等方式将这种不特定转化为特定。特定不特定，只是一个相对的说法。一个极端的例子就是"地球人"，这也是一个限定群体的标准，但实质上任何人都符合这一标准，显然没有意义。

目前，很多股权众筹平台的投资人审核形如虚设，只要投资人填写姓名和身份证号即获得通过，而不管姓名和身份证号的信息是否真实，这样就很难说符合了以非公开方式宣传和向特定对象募集的要求。

2014年3月31日，最高人民法院、最高人民检察院、公安部《关于办理非法集资刑事案件适用法律若干问题的意见》第三条规定：下列情形不属于《最高人民法院关于审理非法集资刑事案件具体应用法律若干问题的解释》第一条第二款规定的"针对特定对象吸收资金"的行为，应当认定为向社会公众吸收资金：

1. 在向亲友或者单位内部人员吸收资金的过程中，明知亲友或单位内部人员向不特定对象吸收资金而予以放任的；

2. 以吸收资金为目的，将社会人员吸收为单位内部人员，并向其吸收资金的。

在美国最高法院在Ralston Purina案中，有这样一段关于"特定"与"公开"的论述：就其最广泛的意义而言，"公开"意指一般大众，与共同具有某些利益或特征的个人群体不同。不过，从实践角度来看，这种区分意义不大；很明显，向所有红头发的人、向芝加哥或者旧金山的所有居民、向通用汽车公司或美国电报电话公司的所有现存股东发出证券要约，其"公共性"并不比不受限制地向全世界发出要约要少。这种要约虽然并非任何人都可以自由接受，但从性质上来说完全具有"公共性"，因为用来挑选特定受要约人的方法与挑选的目的之间并无合理的关联。在任何特定情况下区分"公开"与"特定"，都应当考量用来建立区别的决定因素和寻求建立这种区别的目的。

进行股权众筹的核心是建立合格投资人制度。关于合格投资人，《中华人民共和国证券投资基金法》第八十八条中对合格投资人的定义是：达到规定资产规模或收入水平，并且具备相应的风险识别和风险承担能力，认购金额不低于规定限额的单位和个人。对于一个股权众筹平台，合格投资人筛选必须经过注册、申请和审核3个程序，通过审核的合格投资人才可以查看全部项目信息，可以参加线下路演等活动，并进行股权投资。

股权众筹通常采取"领投—跟投"的模式，即领投人与跟投人共同设立有限合伙企业，领投人是普通合伙人，跟投人是有限合伙人。"领投人"一般需要履行的职责有：（1）负责项目分析、尽职调查、项目估值议价、投后管理等事宜；（2）向项目跟投人提供项目分析与尽职调查结论，帮助创业者尽快实现项目成功融资；（3）帮助创业者维护协调好融资成功后的投资人关系；（4）牵头创立合伙制企业。在这种模式中，领投人承担大量的项目调研工作和后期项目实施监督工作，能够很好地扩大投资者群体，使没有相关领域丰富经验的投资者因为相信领投人的专业能力而进行跟投。

中国证监会于2014年8月21日正式发布施行的《私募投资基金监督管理暂行办法》第二条规定：本办法所称私募投资基金，是指在中华人民共和国境内，以非公开方式向投资者募集资金设立的投资基金。私募基金财产的投资包括买卖股票、股权、债券、期货、期权、基金份额及投资合同约定的其他投资标的。非公开募集资金，以进行投资活动为目的设立的公司或合伙企业，资产由基金管理人或普通合伙人管理的，其登记备案、资金募集和投资运作适用本办法。证券公司、基金管理公司、期货公司及其子公司从事私募基金业务适用本办法，其他法律法规和中国证券监督管理委员会有关规定对上述机构从事私募基金业务另有规定的，适用其规定。根据本条对"私募投资基金"的定义，股权众筹在资金募集、投资运营等方面都符合私募投资基金的属性，应当履行该《办法》规定的义务。该《办法》明确规定了各类私募基金管理人、私募基金的登记备案义务，限定私募基金管理人资金募集的对象、宣传方式，明确私募基金管理人在基金资金募集、注册管理、登记备案、信息披露、监督管理等多方面的义务。在股权众筹的"领投—跟投"模式中，"领投人"在事实上就承担了基金管理人的功能，并成立了有限合伙企业来汇集资金进行投资，这种模式应该受到该《办法》的管辖。

股权众筹的另一个重要问题是人数问题，即股权众筹的总人数能否超过200人。《中华人民共和国公司法》允许股份公司的股东人数最多是200人，有限责任公司股东人数最多是50人。中国证监会颁布的《非上市公众公司监督管理办法》和《全国中小企业股份转让系统有限责任公司管理暂行办法》中规定，"新三板"挂牌公司的股东人数可以超过200人。有些股权众筹平台试图建立多层股权结构突破200的限制，这种多层股权结构是：设立一家股份公司作为众筹基础平台，股东人数200人，而这200名股东不是个人却都是公司，每个公司再装200名个人股东，于是可以吸纳 $200 \times 200 = 40000$ 名股东。多层股权架构在股东人数上，形式是符合《中华人民共和国公司法》的，但并不符合《中华人民共和国证券法》的规定，向特定对象发行证券累计超过200人的，属于公开发行证券的情形之一，需要中国证监会核准。这个"累计超过200人"既包括直接股东200人，也包括多层持股结构或委托持股方式下股东，总数超过200人。

另外，中国证券会《私募投资基金监督管理暂行办法》第十三条第二款规定：以合伙企业、契约等非法人形式，通过汇集多数投资者的资金直接或间接投资于私募基金的，私募基金管理人或私募基金销售机构应当穿透核查最终投资者是否为合格投资者，并合并计算投资者人数。由此可见，通过有限合伙企业持股是需要穿透核查最终投资者并合并计算投资者人数的，所以通过有限合伙持股的方式并非完全的灵丹妙药。当然，将来监管部门如果对中小企业和创业企业进行股权众筹实施小额豁免，那么对投资者的数量限制自然会被放宽或完全放开。

股权众筹的筹资人所面临的最大风险是刑事法律风险。《中华人民共和国刑法》第一百七十九条规定：未经国家有关主管部门批准，擅自发行股票或公司、企业债券，数额巨大、后果严重或有其他严重情节的，处5年以下有期徒刑或拘役，并处或单处非法募集资金金额1%以上5%以下罚金。单位犯前款罪的，对单位判处罚金，并对其直接负责的主管人员和其他直接责任人员，处5年以下有期徒刑或拘役。最高人民法院《关于审理非法集资刑事案件具体应用法律若干问题的解释》第六条对此进一步解释：未经国家有关主管部门批准，向社会不特定对象发行、以转让股权等方式变相发行股票或公司、企业债券，或向特定对象发行、变相发行股票或公司、企业债券累计超过200人的，应当认定为刑法第一百七十九条规定的擅自发行股票、公司、企业债券。构成犯罪的，以擅自发行股票、公司、企业债券罪定罪处罚。

股权众筹平台同样面临刑事法律风险。如果众筹平台未经批准，在平台上擅自销售有关的金融产品或产品，并且造成了严重后果，达到了刑事立案标准，则涉嫌非法经营犯罪。按照最高人民法院、最高人民检察院和公安部2014年联合下发的《关于办理非法集资刑事案件适用法律若干问题的意见》的规定：为他人向社会公众非法吸收资金提供帮助，从中收取代理费、好处费、返点费、佣金、提成等费用，构成非法集资共同犯罪的，应当依法追究刑事责任。

在中国尚缺乏对众筹立法的情形下，众筹模式在形式上似乎已经同时满足了4个要素，即未经审批、通过网站公开推荐、承诺一定的回报、向不特定对象吸收资金。但是，众筹模式与非法集资仍有本质的区别，因为它不是由平台吸收公众存款或集资的行为，此平台只是一个服务中介，嫁接项目方和出资方，构成一对多或多对多的网状结构。在目前监管层对互联网金融持积极开放的态度下，中国证监会已经开始调研股权类众筹存在相关问题。股权类众筹可以创新，但不要触碰法律红线。股权类众筹不能碰的两条法律红线是：（1）不向非特定对象发行股份；（2）不向超过200个特定对象发行股份。

作为股权众筹平台管理方，应做好需求两端的严格审查和限定，对投资人资格进行严格审查，并告知投资风险，只有经过注册且通过严格审核的投资人才具备资格，才可能看到投资方的项目。同时，平台管理方需要对项目发布方的股东信息、产品信息、公司信息进行严格审查，必要时实地查看，做好法律、财务、商务3个方面的尽职调查。在需求对接上，每次只允许不超过200人的投资人看到推介的项目，具体的投资洽谈需要在线下以面对面的方式进行，避免了人员过多的问题和代持造成的问题，对选定的投资人应当设立有限合伙企业，由有限合伙企业作为投资人持有项目或公司的股权。

三、经营权众筹

经营权众筹是指项目或公司在一定期限内拿出一定比例的经营收益权进行众筹，投资人众筹的是一种权利，这种权利既不是债权也不是股权，而是通过众筹获得一定期限和比例的收益权。经营权众筹的收益权有两个特点，一是其收益具有不确定性，二是这种收益具有一定期限。债权众筹获得的利息也是一种收益，但这种收益是事先确定好的，是一种固定的回报。股权众筹也获得了股权的收益权，这种收益权亦具有不确定性，但《中华人民共和国公司法》不允许退股，因此股权的收益权没有固定期限。基于投资经营所获得的收益多种多样，如股权分红、项目分红、合伙分红等，除了股权分红之外，基于其他收益权所进行的众筹统称为经营权众筹。

经营权众筹的投资人获得的是一种收益权，投资人投资后所取得的权利凭证类似于证券。经营权众筹不稀释原有投资人的股权，这是它的优点。但经营权众筹总附有一定期限，这种期限可能是某一特定时段，也可能是持续到项目结束，到期后就要返还投资并分红。如果项目失败或经营亏损，投资人可能面临收不回成本的风险，既不保本更不保收益（各个项目的风险控制和风险覆盖能力不同，选择的风险控制模式往往也不同）。

为减少法律风险，经营权众筹实践者应在以下两个方面做足文章：一是发起众筹的对象应首先集中于已有的客户和消费者，筹资人对自己的客户和消费者比较了解，众筹更有针对性。同时，已有的客户和消费者不同于一般社会公众，他们一般对众筹人有所了解，辨别投资风险的能力比一般人高。二是要把经营权众筹与奖励众筹结合起来做。单纯给予资金回报的众筹更接近于金融产品，受到的管制也最严格，而奖励众筹更接近于商务交易，也是法律监管最宽松的一类众筹。因此，我们可以把经营权众筹的回报更多地体现为商品或服务，在商品或服务之外再加一些金钱的收益，这样不仅能降低投资人的资金风险，同时也极大地降低了筹资人和众筹平台的法律风险。

四、奖励众筹

奖励众筹是预购加团购再加附条件返利的众筹模式，它的投资人获得的是产品或服务的回报，筹资人与投资人的法律关系表现为预付费消费合同关系。但这种预付费消费合同不同于一般的消费合同，一方面这种消费合同是消费者在产品或服务还没出来之前就提前付费，另一方面在这种消费合同中消费者除了获得产品或服务之外，如果项目运作成功的话，消费者还能获得额外的回报，这种回报可以被称为附条件的返利。

奖励众筹一方面体现消费，另一方面又兼具投资的属性，即合同里还有附条件返利条款。其中的附条件返利条款一般约定，如果投资人所消费的产品或服务的销售额达到一定数量，筹资人将向投资者返还一定的利润。当然这种利润的返还不能表现为现金形式，而只能表现为产品、服务或代表产品、服务的购物券等。

奖励众筹的优势在于不受人数的限制，虽然奖励众筹兼有消费和投资双重属性，但在本质上还是消费行为，所以可以有许多人参与，真正做到人多、钱少、好玩。在奖励众筹中筹资人不能直接给予投资人现金回报，否则其本质就会从消费行为异化为投资行为，并会因此受到金融管制而无法面对众多的不特定人群。这样，面向社会公众的奖励众筹就无法进行下去了。奖励众筹所适用的法律主要是《中华人民共和国合同法》和《中华人民共和国消费者权益保护法》，不涉及《中华人民共和国公司法》和《中华人民共和国证券法》，其所面临的主要是基于契约关系的民事法律风险，很少涉及刑事法律风险和行政法律风险。筹资人与投资人只要在合同中把相关的权利义务约定清楚，当纠纷发生时按照合同的约定处理就行。当然，如果筹资人编造虚假项目，故意骗取资金，则同样构成集资诈骗罪。

中国现有的法律体系对奖励众筹是支持的，最直接的法律依据是预付费消费制度，预付费消费制度主要体现为商业预付卡的发售和使用。目前，国内专门针对商业预付卡的法律规范主要有：

1.《国务院办公厅转发人民银行、监察部等部门关于规范商业预付卡管理意见的通知》（国办发〔2011〕第25号）。

2.《非金融机构支付服务管理办法》（中国人民银行令〔2010〕第2号）。

3.《非金融机构支付服务管理办法实施细则》（中国人民银行公告〔2010〕第17号）。

4.《支付机构预付卡业务管理办法》（中国人民银行公告〔2012〕第12号）。

5.《中国人民银行关于进一步加强预付卡业务管理的通知》（银发〔2012〕第234号）。

6.《商务部办公厅关于贯彻落实规范商业预付卡管理意见的通知》（商办秩函〔2011〕第876号）。

7.《单用途商业预付卡管理办法（试行）》（商务部令〔2012〕第9号）。

8.《国家税务总局关于进一步加强商业预付卡税收管理的通知》（国税函〔2011〕413号）。

根据上述规定，针对商业预付卡的发行和购买也有一定限制。一是实行购卡实名登记制度，对于购买记名商业预付卡和一次性购买1万元（含）以上不记名商业预付卡的单位或个人，由发卡人进行实名登记；二是实行非现金购卡制度，单位一次性购卡金额达5000元（含）以上或个人一次性购卡金额达5万元（含）以上的，需通过银行转账方式购买，不得使用现金；三是实行限额发行制度，不记名商业预付卡面值不超过1000元，记名商业预付卡面值不超过5000元；四是发卡机构应当通过实体网点发行销售商业预付卡，除单张资金限额200元以下的商业预付卡外，不得采取代理销售方式。上述规定虽然多是限制性规定，但也为奖励众筹提供了法律依据。

五、公益众筹

公益众筹是一种捐赠型众筹。捐赠是指自然人、法人或其他组织自愿无偿向依法成立的公益性社会团体和公益性非营利的事业单位捐赠财产，用于公益事业的行为。公益众筹主要适用的法律是《中华人民共和国合同法》中的赠与合同一章和《中华人民共和国公益事业捐赠法》关于募捐、募赠的相关规定。《中华人民共和国合同法》和《中华人民共和国公益事业捐赠法》均无禁止、限制利用互联网进行募捐、募赠活动的规定，所以公益众筹没有法律障碍。但是，没有法律障碍并不意味公益众筹没有法律风险。因此，公益众筹要确保公益项目的真实性，要保证专款专用，不得挪用或侵占。如果公益众筹发起人以公益众筹为名骗取资金占为己有，则构成集资诈骗罪。

第八章

西方众筹的解放与启示

互联网金融和互联网本身的发展轨迹一样,都是"西学东进"的一个过程。众筹作为一种更具创新性、更具参与感和更具颠覆性的"年轻"工具,践行者们着实应该将学习的目光投向西方,所谓"师夷长技以自强"是也。

众筹正在解放银行

准确地说，众筹正在颠覆传统银行，把大众从对银行的依赖中解放出来，众筹必将颠覆整个金融系统，成为席卷全球的一场革命。以下这段文字摘自于美国著名众筹平台 LinkedIn 创始人瑞·哈夫曼的个人博客，让我们看看这位美国人是怎样看待众筹的。

在美国，绝大多数公司的规模都不大。事实上在全美有近 2700 万家企业，其中 2100 万家都只有老板一个雇员。而剩下的 590 万家中有 460 万家，其雇员数不超过 9 人。小企业对于美国经济不可或缺，但同时，小企业家试图创立新业务、创造更多就业机会时，银行却紧关大门。Biz2Credit 是一家为小企业提供在线融资服务的公司，根据它的资料，每 10 笔申贷，大银行会否掉 8 笔，小银行则是 5 笔。还有人指出，自 2008 年金融海啸以来，对小企业的投资竟然减少了 44%。你知道这有多可怕吗？支持我们的经济和社区发展的资金少了数百亿美元呀。与此同时，2100 万人正处于半失业或失业中。全球总体情况就更不妙了：全人类中有半数日均生活购买力在 2 美元以下。

人才随处可见，但机会不是，对我们的最大威胁不是金融危机，而是全球机会危机，无论是在发展中国家还是发达国家，正有几十亿人缺乏工作机会、资金。

Kiva 是一个先驱性的众筹平台，通过它，公民放贷者能为全球各地的小微创业者提供小额投资。在包括美国在内的 76 个国家中，有近 130 万名小企业家通过 Kiva 获得的贷款总额超过了 5 亿美元，其中 99% 的贷款已经完全偿还，这简直就是对传统银行那套信用、信任说辞的掌掴。

如今不少类似平台已经出现，整个众筹领域呈现出爆炸式发展，它们为有余钱的人和寻找资金的创业者服务，处理的资金已经高达数十亿美元。以 Indiegogo、Kickstarter 和 Lending Club 为首的 700 多个众筹平台正在推进资金获取方式的民主化，支持着企业家和创新，并以前所未有的规模和影响力深远地改变着慈善的面貌。

促进普遍繁荣的最优法门之一正是"取之于民，用之于民"。通过众筹资金来解放创业者的创新力，依赖的是群体智慧，这比传统银行的信贷法则不知道要高明多少倍。

姑且把这叫作"世界的银行"（"World's Bank"）吧，这套系统建于民，用于民，完全去中心化、高度可扩张，以极度公平的方式为全美同胞以及全球各地的人提供信贷资金。

世界银行（World Bank）的工作是为机构筹资，而"世界的银行"为所有有需要的人筹资。数十年来，世界银行刺激发展中国家经济增长的机制始终是自上而下的；与之相比，"世界的银行"采用灵活、自下而上的模式，更接地气，更贴近全球各地小微创业者和他们所在的社区。

放贷者们的动机多种多样，有的人有利他的心肠，有的人就是热爱新鲜创意，还有的人看重财务回报。Kickstarter 和 Indiegogo 上的资助人通常会得到某种奖励。而在 Kiva，小微创业者会偿还债务。

正如公民记者撼动了旧媒体，公民放贷人也很可能会颠覆旧银行。拿数字说话，Lending Club 仅在美国就发放了 40 亿美元的个人贷款；

Kickstarter 在短短 5 年内为 6 万多个项目众筹了超过 10 亿美元,其中 60 多个项目募得至少 100 万美元,还有一个项目甚至募得超过 1000 万美元。目前,Kiva 上有超过 100 万名放贷人,他们来自 198 个国家。而在政府方面,美国修改了联邦法律:开放股权众筹市场,从而人们能够通过像 AngelList、CrowdFunder 这样的平台为具有创新精神的创业者们提供更大的支持。

众筹可以轻松触及传统银行无法触及的地方。举个例子,伊拉塔斯·卡曼尼现年 73 岁,曾是名教师,他居住在肯尼亚的偏远地区,在那里没有自来水,更别说银行了。但伊拉塔斯吸引了全球各地的放贷人,众筹了 1700 美元,支持他把陶炉内胆的产量扩大了三倍。伊拉塔斯只靠着一部手机就申请、接收、偿清了这笔贷款,完全不需要银行职员、ATM 机甚至电脑的参与。更广义地说,众筹是民主价值和理想的精纯、务实的展现。它意识到"个人对个人"(Person-to-Person)的连接是为互联网供给动力的基石燃料。就像旧媒体难以与越来越多由大众群体生成的内容竞争,传统金融机构也无法像众筹平台那样规模化。想想吧,传统银行得投下多高的成本才能聘请足够多的雇员,来跟数百万公民放贷人组成的网络智慧相对抗啊。

技术一直对资金进行虚拟化,实体银行已经变得像传统实体书店那样冗余。那些为了营造可信度和可靠性而建造的华美建筑只会令贷款成本更高昂。与此同时,"世界的银行"的放贷基建则越来越多地由像伊拉塔斯·卡曼尼案例中"一人一手机"这样的元素构成。伊拉塔斯还清贷款后,他自己的可靠度也增加了,获得了受托人的资质,能够为家乡的其他小微创业者们担保。这一切的成果就是极其高效、基于信誉的信任之网。它崇尚使用"个人对个人"借款行为作依据的贷款模式,而不是旧机构基于信用评分的那套。它创造的连接和故事,是传统金融中介无法企及的。

34个素昧平生的人对伊拉塔斯·卡曼尼寄予了信任，而后者借的两笔钱也都悉数还清。

华尔街自始至终都专注于打造越来越奇异、抽象，也更有"毒性"的投机工具上，这些玩意罕有社会效益。我们的金融机构与有形商品和服务的生产关联越来越稀薄。相反，众筹再度赋予我们的经济人性化。它令借贷双方的体验都更舒畅，为商贸赋予了更充实的意义，同时还极大地创造了有形的社会经济价值。

很多用以解决贫困的传统尝试都导致了受助方依赖救助，情况却更加恶化的循环，而众筹平台将机会与创新、责任，以及自力更生相连接。它创建了一个生态系统：在这里，债务用来创业，而不像传统信用卡那样单纯用于消费，它为人们创造价值而不是变成一样枷锁和负担。举个例子，Kiva上的放贷人收回先前贷出的资金后，会再次投资。长此以往，25美元能做到250美元做到的事。10万美元能做到100万美元能做到的事。100万美元呢？就相当于1000万美元了。慈善获得了指数级效应。

谷歌和越来越多的公司，以及越来越多结果导向的慈善家，都已经开始创立数百万美元级的常年贷款资金，这些资金便有着杠杆的力量。想想吧，如果小企业协会（Small Business Association）、财富500强、世界银行甚至华尔街都竞相效仿，通过"世界的银行"这种方式直接支持那30亿被传统银行轻视的小微创业者，那会产生多么大的影响？而这也会极大加快全球危机的终结。

每一次技术革命的发生，都会有先行者和落后者。前者给予了"世界的银行"动力，促进了资金获取途径的民主化。这些人已然意识到：只有认识到小微创业者和小企业在建立健康、灵活的经济体中所扮演的关键角色，我们才会真正走向繁荣。他们还意识到：众筹是由个人开始的，但它的良好效应会迅猛扩张。首先，它会改善借款人的生活；其次，它会改善一个家庭的生活；然后，它会改善一个社区的生活；最后，它会改善所有国家的命运。

以上这篇来自美国的译文深刻指出了众筹——这一新兴金融工具的革命性创新，颠覆了腐朽的、非大众性的、只为少数人利益服务的传统金融体系，解放了多数人的利益。它是体现民主性的互联网科技的又一社会性贡献。

西方众筹的昨天

以上这篇文章也巧妙地总结了众筹在美国发展的昨天和今天，其中提到的当今世界最大的众筹平台 Kickstarter。其在 2013 年的众筹统计数据显示，有 300 万用户参与了总计 4.8 亿美元的项目众筹，平均每天筹集 130 万美元资金，或每分钟筹集 913 美元；有超过 80 万的用户参与了至少两次项目众筹，并且另有 8.1 万用户支持了超过 10 个项目。2013 年在 Kickstarter 参与众筹的用户分布在全世界七大洲的 214 个国家，甚至包括来自南极洲的用户。以上数据说明，透过互联网，众筹这种大众化筹资工具正在全球迅猛发展着。

然而众筹并不是互联网时代诞生的新词，网络只是让它的成长变得更加顺遂。本书在前文已经介绍了众筹的来源和发展历史，下面我们来看一看众筹在西方是如何利用互联网科技兴起的。

1997 年，英国摇滚乐队 Marillion 因资金周转不灵，无法兑现原定的美国巡演。美国粉丝们伤心不已，却化悲痛为力量，借助互联网为心爱的乐队在全球范围内筹措了 6 万美元，使演出顺利进行。互联网的力量首次得以发挥。时隔两年，一位电影制片人再度借助互联网，为债台高筑的电影 Foreign Correspondents 的剧组筹款 50 万美元。他最初的思路很简单：只是想尝试一下在电影拍摄前能否快速筹集一笔资金。尽管多数募捐者是他的亲朋好友以及圈内投资人，但这次尝试却是电影同互联网结合的起点。该片的导演兼编剧 Kines 说："我非常用心，向每一位捐款者发送剧本、原始剪辑，以确保他们相信我的确完成了一部作品，而不是让他们的钱打了水漂。但人们会心甘情愿地帮助一个陌生人，还是让我感到吃惊。"

几年内，众筹平台如雨后春笋般纷纷在美国、英国等各地涌现，如在西方为大众所熟知的 GoFundMe、RocketHub、Appsplit、Fundly、Unbound、PubSlush、Indiegogo 以及 Kickstarter 等。同时，小微金融工具平台 Kiva 以及 P2P（Peer-to-Peer）平台也在兴起，其中代表有 Funding Circle、Zopa 和 Lending Club。尽管它们都遵循以上所说的"众筹"原则，但筹资目的不同。多数众筹平台普遍接纳创意类项目，支持者（赞助人）只是能够提早接触产品并获得自我满足感，此外没有其他回报。

西方众筹的今天

2014 年，众筹更加平易近人，也更加受到全球各个国家大众尤其是创业者的热捧。它的魅力在于，可以为任何产品募集资金。如果你的产品能引起市场共鸣，众筹将成为快速引入现金流的有效途径。

智能手表 Pebble 可以说是众筹的一大赢家。2013 年，Pebble 通过众筹网站 Kickstarter 获得 1026 万美元筹款纪录。开发商 Cloud Imperium Games 的太空模拟游戏 Star Citizen 众筹金额超过了 3000 万美元。同时，Canonical 在 Indiegogo 众筹平台上为其自有品牌手机 Ubuntu Edge 发起筹款活动，筹款目标 3200 万美元，尽管没能在筹款期内达成目标，但是筹款金额依然打破了之前 Pebble 智能手表在 Kickstarter 上创造的筹款纪录，筹到了 1280 万美元。而这一案例的出现，实得众筹平台 Indiegogo 有了与老大 Kickstarter 抗衡的资本。

众筹平台的出现，其功能远远不只是线上筹资，最大的赢家是一家娱乐设备制造商 Oculus。Oculus 是 Kickstarter 上的一个明星项目，致力于制造出一款头戴式可深入其中的娱乐设备，其炫目的视觉效果以及与游戏结合的优势吸引了众多玩家。2012 年 8 月 Oculus 在 Kickstarter 上 1 天时间筹款便超过了 25 万美元，30 天累计募集了近 250 万美元。而这仅仅是开始，由于在众筹平台上的展示，以及受到众多粉丝和玩家的追捧，Oculus 在线下获得了风投的青睐，在 2013 年 6 月和 12 月分别完成了 A/B 两轮融资，并最终于 2014 年 3 月被世界第一大社交网站、著名的"脸书"（Facebook）以 20 亿美元的价格收购。

Oculus 的案例告诉我们，到众筹平台上展示绝对不只是为了一小笔资金，更多的是对产品和项目的检验。

一位好莱坞的制片人这样概括众筹的意义：众筹是体现创意或项目存在潜力的绝佳方式。如果大众肯为一个项目投钱，这个数据对投资人、银行或好莱坞制作公司都是极大的筹码，意味着他们可以借此储备更多资金。"如今，每个非营利组织从基金会申请拨款，都是一种众筹的成功，"他继续说，"在未来，除非 VC 们看到产品先通过众筹验证了自身价值，否则不会再花时间多看潜在项目一眼。"众筹其实就是市场调查，当普通大众肯为项目花钱，说明他们是真的对项目感兴趣。

五花八门的西方众筹及其启示

众筹一碗土豆沙拉

2014年7月，Kickstarter上线了一个做沙拉的众筹项目，项目的内容就像一个玩笑，申请者向网友众筹10美元做一个土豆沙拉。项目的文字说明只有简单的几行，没有视频，只有一张照片，但最终却获得了极大的成功，9天时间筹到了4.7万美元，是筹资目标的4700倍。

让我们根据从Kicktraq上获取的一些数据分析一下"众筹一碗沙拉"获得成功的原因：

图8-1　Kickstarter上的"众筹一碗土豆沙拉"

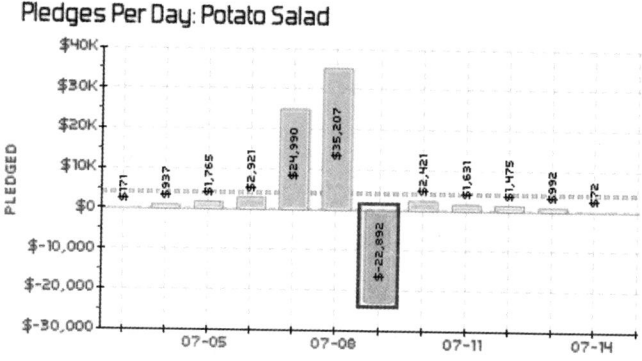

图 8-2 "众筹一碗土豆沙拉"数据分析图（1）

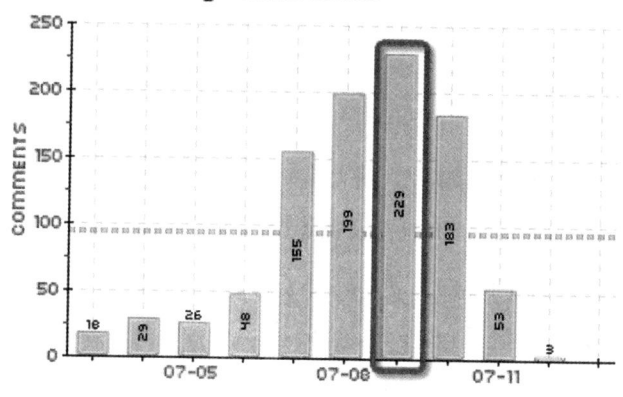

图 8-3 "众筹一碗土豆沙拉"数据分析图（2）

1. 众筹项目的成功依赖媒体的关注和报道。

众筹项目能否成功的很大一个因素就是它的市场营销，"众筹一碗土豆沙拉"的普通而又奇怪的想法获得了媒体的广泛关注。从上面的柱状图可以看出，该项目前 4 天的数据很平淡，但第 5 天和第 6 天出现了爆炸性增长，分别涌入 2.4 万美元和 3.5 万美元，源于 7 月 3 日 cnet、7 月 4 日 bgr 和 gizmodo、7 月 6 日 sky 等几家大媒体进行的大量报道，而小媒体的报道更是不计其数。

图 8-4　媒体对"众筹一碗土豆沙拉"项目的报道

但是媒体从 7 月 3 日就开始报道了,为什么那几天没有效果呢?因为 7 月 4 日是美国国庆日,5 日、6 日是周六和周日,这几天美国人都在度假,没有时间登录众筹平台,到了周一和周二的 7 日和 8 日,美国人回到办公室,开始登录网站,媒体的报道才真正给这个项目带来了访问量。

Indiegogo(全球第二大众筹平台)的创始人在一次公开采访中说:周二是众筹项目效果最好的一天,周末效果很差,其中的原因就是工作日和休息日的访问量的问题。

所以众筹不是简单地把项目的页面做好就行,一定要想方设法让媒体报道和曝光。

2. 众筹项目的成功依赖于奖励回报的设置技巧。

"众筹一碗土豆沙拉"的支持者有 5836 人,平均支持金额为 8 美元。其中:

支持 1 美元的 1754 人,约 30%;

支持 2 美元的 1066 人,约 18%;

支持 3 美元的 1031 人,约 18%;

支持 5 美元的 518 人,约 9%。

项目的奖励回报方案很有意思:

支持 1 美元的赞助者，其姓名可以列在土豆沙拉的网站上，筹资者做沙拉的时候会把赞助者的名字大声喊出来；

支持 2 美元的赞助者，会额外得到一张照片；

支持 3 美元的赞助者，会得到一汤匙沙拉；

支持 5 美元的赞助者，可以选择 1 种配料加进沙拉。

根据之前列表的各支持方案的支持人数和比例分析得出，该项目奖励回报方案设计的技巧在于，设计了 1 美元和 2 美元的小额的支持方案，如同公益捐助，会博得更多过路者的停留和"意思一下"的支持。同时现在的众筹网站都是和社交网站的账号打通的，用户用 1 美元支持一下，就可能连带把项目分享到了社交网站上，从而给项目带来更多的流量。

3. 众筹项目的成功依赖于信息分享的转化。

Kicktraq 上的数据显示，这个项目的分享量为 35.7 万。用现在的支持人数 5836 除以浏览量就得到了转化率，这个结果是 1.6%。Kickstarter 和 Indiegogo 公布出来的平均转化率为 4%~5%，所以"众筹一碗土豆沙拉"项目的转化率比较低，可能是更多人对其不屑一顾的原因，不然该项目的成功会更大。

4. 众筹项目的成功依赖于创新。

"众筹一碗土豆沙拉"几天内就筹资近 5 万美元，完全说明其创新性，吸引了大众和媒体的眼球，但是随后在 Kickstarter 上线众筹的所有沙拉项目都已失败告终，再次说明成功项目需要具备的独创性，跟风的项目将不会再被大众和媒体关注。

众筹半首歌曲

欧美众筹平台上的音乐众筹不计其数，但是 Spawnsong 对音乐人和歌迷来说其创意都足够新鲜，因为这个平台只"众筹"单曲，展示的甚至是半成品。Spawnsong 网站的主页是一张张类似专辑封面的主题图片，点击进去即可听到最长 42 秒的单曲，如果粉丝喜欢，花 1.23 美元就可以将这首歌预先买下来，未来在单曲原创者将歌曲制作完成后，歌迷就会得到这首歌的完整版。注册用户也可以在每首半成品页面下留言，和音乐人互动。Spawnsong 平台的创始人贾斯丁·金姆希望 Spawnsong 相比 Pandora、Spotify 这样的大平台，可以成为新音乐的发现平台，甚至是歌曲由原创者和粉丝共同完成创作的平台，这里的"众筹"筹的不仅是钱，还是歌曲本身的"内容"。

之前有媒体采访国内音乐人韩红时，她说，"中国的音乐工业已经死亡"，而众筹音乐平台的大众化创新应该可以给中国的音乐创作带来一丝新的希望。

为异地恋众筹约会

2014 年年初美国公司 Dating Ring 在众筹平台 Crowdtilt 上发起了一场众筹活动，为异地恋人的约会创造条件。

在美国，纽约的单身女性比旧金山的单身女性多几万人，而旧金山的单身男性又比纽约的单身男性多几万人。如果只在同城交友，这两个城市将会有 10 万人找不到对象。于是总部位于纽约的 Dating Ring 公司想通过众筹平台让大众创造机会，撮合两地的单身男女约会，这家公司的旧金山分部在 2014 年 2 月设立，于是这个想法的实现有了可能。

Dating Ring 在众筹平台 Crowdtilt 上发起了两项众筹活动，目标是在 8 天内分别筹集 1 万美元的资金，租下包机，帮助纽约的单身女性飞往旧金山，同时帮助旧金山的单身男性飞往纽约，出席由 Dating Ring 在这两座城市举办的单身派对。捐款者可以是单身男女本人以及他们的亲朋好友。

纽约的单身女性每捐助 20 美元即可赢得一次被选中免费飞往旧金山的机会，包括其亲朋好友的捐助，次数越多则获取免费机票的机会越大；捐款 500 美元的纽约单身女性可以获得飞往旧金山的机票、3 场约会、私人鸡尾酒会和狂欢节；捐款 1000 美元的单身女性除享受捐款 500 美元的待遇外，还能获得 5 天的住宿。而对于身在旧金山的单身男性，每捐助 20 美元即可赢得狂欢节门票一张；捐助 100 美元可再获得鸡尾酒会入场券一张；捐助 350 美元额外获得 3 次半小时的专业恋爱指导。

Dating Ring 此举绝对不是为了赚钱，而是为了吸引媒体的眼球。至本书截稿时止，项目还在进行中。当然，这样的创新如果成功，可以带来更多城市间的互动，说不定可以创造出一对"伟大"的恋人。

让谷歌和微软掏钱的众筹活动

来自美国的 code.org 是一个非营利组织，其宗旨是让计算机科学这门学科进入全球每一所学校中去。为达成此目的，code.org 在美国知名众筹平台 Indiegogo 上发起了一项名为"一小时编程"的众筹活动，目标是筹集 500 万美元帮助全球 1 亿名学生学习编程。code.org 表示，全球 90% 的学校并不提供相关的课程，而他们想完成的使命就是帮助孩子第一次接触编程。这个项目将会面向全世界开放并推广，而且不会针对任何特定的等级水平，处于任何年龄段、任何学习阶段的孩子都是他们的目标群体。他们也想借助这项运动来缩小男孩和女孩在编程学习上的差距。

至本书截稿时止，这项活动还在进行中，全球 IT 业巨头谷歌、微软等 29 家科技公司参与了这次众筹，从而使得这个众筹项目成为 Indiegogo 平台上有史以来最大的一个捐赠型众筹项目。

一般来说，有社会知名人士、大企业或网络"大咖"参加的众筹活动都会获得成功，原因就是媒体的关注和热捧，从而引起粉丝的蜂拥而至。

2014年9月在世界各国接力式完成的"冰桶挑战赛"也是因为各界名人的参与而获得了极大的成功。

房地产新玩法：产权众筹

不论在中国还是全世界，房地产早已经不再是住宅而变成了一种投资产品。在2008年美国次贷危机之前，很多美国公民靠房地产成了暴发户。而众筹的出现，使房地产投资的资金杠杆变得更小，而投资风险也变得更低了。

成立于2013年3月的美国众筹网站Realty Mogul和成立于2013年6月的RealtyShares，成功将众筹的概念植入房地产领域，而且成绩斐然。

众筹的模式并不难，每一个众筹房源会设定一个众筹资金目标，投资人投资的资金按房源估值获得相应比例的价值，也就是房屋的产权。每一次产权分配其实是通过一个单独的有限公司完成最后的购买，投资人的资金换取的是这个有限公司相应的股份。

投资者的回报来源于两方面：一是房地产出租收益，一般年回报率在8%～10%之间；二是房地产出售利润收益，一般周期稍长，没有持有期，交易完成后投资者分钱。

入驻众筹平台的投资者每次的最少投资金额不得少于5000美元，而且投资者必须是经过认证的合格投资人（超过100万美元的净资产或者连续三年每年的收入超过20万美元）。

传统意义上的房地产投资一般门槛较高，需要大笔资金投入，而且资金被占压，变现能力较差。产权众筹解决了这个问题，定期的利息回报由前期购买的房产股份决定，投资者并不需要投入和房价相当的资金便可享受房地产市场的高额回报，且可以分散投资，一笔资金投入多个项目，降低投资风险。

2014年年初，Realty Mogul宣布，其位于美国14个州的用户已投资了1460万美元，租赁或购买的58处房产总价值超过1亿美元。其中，67%的投资来自重复投资者，55%的投资人选择多个产品进行投资。

西方众筹的未来

众筹诞生下一个NASDAQ

2012年4月，美国奥巴马总统正式签署《JOBS法案》，这部众筹领域的公平公正条款，标志着初创公司步入资金募集的新时代。法案于2013年9月正式生效，目的是为正在筹措资金的创业公司减少法律负担，保证其能够在公开上市前吸引更多的投资人。该法案允许所有公司可以通过公司网站、印刷品、电视、社会媒体或第三方网站等形式，以公开劝诱或公开广告形式进行私募。这个法案的颁布，使创业企业可以不通过证券交易所融资，使得股权众筹合法化，有利于企业成长；对于投资者而言，投资股权众筹企业的成本低于证券交易机构的成本，任何人都可以通过互联网投资初创企业。

《JOBS法案》的颁布，催生了美国一大批股权众筹平台，其中，FundersClub是最大的一家。因为Kickstarter和Indiegogo明确表示暂时只做产品众筹，不涉足股权众筹，才有了FundersClub的生存之地。

FundersClub是这样一家网站，它挑出那些有潜力的创业公司，供人们通过网络对它们进行投资，并获得真正的股权作为回报。任何一名年收入超过 20 万美元或净资产超过 100 万美元的用户（合格投资者）都可以在网站上浏览各个创业公司的信息，选择自己喜欢的企业进行投资，最低额度为 1000 美元，现阶段平均投资额度为 2500 美元，所有的法律文书和资金转移都在网上进行。如果某家创业公司被收购或者成功 IPO，投资者可以将股权变现，FundersClub 可以从中收取手续费。

作为股权众筹平台的尝试者，FundersClub 不仅需要《JOBS 法案》的支持，同时需要符合美国 1934 年的《证券交易法》的规定，所以 FundersClub 申请到了注册经纪交易商的执照，以经纪人的身份管理投资者的资金。为保证资金的合法和安全，FundersClub 把这些资金通过一家风投基金注入创业公司，而每笔基金在众筹完成前都单独保存在不同的托管账户内。

FundersClub 还有一项大胆的计划，它希望能为晚期创业公司提供一种新形势的结构性流动。简单地说，那些希望在 IPO 之前套现的长期雇员和投资者可以通过 FundersClub 实现目的。

股权众筹尽管无法替代"风投"和"天使"，但可以让创业公司更加轻松地拿到融资，并且，众多的投资人都会成为公司的狂热宣传者和产品测试员。对于创业公司来说，若能将众筹的力量和传统风投的智慧结合到一起，后果将是不可估量的。FundersClub 将会彻底改变创业投资领域，也许会成为下一个 NASDAQ。

技术的革新带动众筹的解放

当一项众筹发起时，并非每次都能达到既定的筹资目标。究竟什么样的项目最能吸引到投资？投资人如何找到感兴趣的项目？

英国剑桥大学的一个团队表示，他们通过对已有的众筹数据进行分析，试图找到上述两个问题的答案。这个团队首先找到 2013 年 7 月至 10

月众筹平台 Kickstarter 的数据，在此期间 Kickstarter 平台上共有 1000 多个众筹项目、近 8 万名投资人。同时，他们还搜集了这个时间段在著名社交网站 Twitter 上提到的有关"Kickstarter"的信息，共计 7 万多条，如果信息附带项目链接，就把它和项目匹配起来。这样每个项目有哪些议论，以及参与投资的人有哪些，这些数据都可以被记录下来。

而后，他们把投资人分为两类：一类是偶尔投资的人，占了大约 50%；一类是经常投资的人，他们投过 30 个以上的项目，占了大约 11%。结果发现：

经常投资的人有自己的投资标准，目标明确，他们只投资自己喜欢的项目，这些项目都具备管理良好、市场前景巨大、可以推广到全世界、发展迅速等特点；而偶尔投资的人对项目没有太高的标准，他们更倾向于投资与艺术有关的项目，也许这些投资者是受家人或朋友的影响而去支持的。

在社交网站 Facebook 有很多好友的项目发起人更容易吸引到偶尔投资的人；而在 Facebook 没有太多好友的项目发起人则更容易吸引到经常投资的人。经常支持众筹项目的投资者更像专业投资人，偶尔支持众筹项目的支持者更像是慈善家。

根据这套数据分析和算法，最好的情况下，其预测精准度可以达到 84%。于是这个团队计划建立一个网站，专门帮助众筹项目的发起人在社交网站 Twitter 上找到合适的潜在投资人。当然也可以帮助投资人找到合适的众筹投资项目。这个技术一旦成熟，将是推动众筹在全球高速发展的一大动力。

Indiegogo：用移动众筹做全球生意

2014 年年初，全球最大的众筹平台之一 Indiegogo 在 B 轮融得 4000 万美元，这笔资金的一大使命是：加速国际扩张。

2014年7月4日，Indiegogo上线了首款IOS应用，但只面向加拿大用户，如今，这款免费应用终于面向全球用户了。值得一提的是，Indiegogo对它的定位不只是Web体验向移动端的迁移，而是充分贯彻"移动优先"的原则，在手机、平板等移动设备上打造更定制化、更优质的体验。

在项目支持者客户端：除了可以按照传统的产品类别（设计、音乐、电影、演唱会等）搜索喜欢的项目，系统还会根据用户的喜好和使用习惯做出个性化推荐。

在项目发起人客户端：项目方被赋予几乎全权管理筹资活动的权力：实时查看捐助额、查看评论、发布信息更新与照片、为支持者送去感谢、通过社交短信SNS服务推广项目。

总体来说，Indiegogo通过移动应用展示着一种全新的形象：主打的不是在Web端那个让美国人熟知的品牌，而是个性化和移动化的用户体验。

众筹的法律在变革，众筹的技术在变革，众筹的内容也在日益更新，众筹必将在不久的将来，解放全球的经济和社会形态，带来人类历史上的又一次革命。

第九章

众筹人,在路上

每一本书,都有一个下笔的动机,而这本书的初衷,就是让大家了解众筹的世界,进而走进众筹,解放众筹。他们是众筹世界里的解放者。

1. 因梦而起、因筹成梦、众志成城、筹蓄而就。——朱锦荣

2. 众筹未来——陈刚

3. 筹人,筹金,筹商,实现我们百年明城,百业恒盛的梦想。——张志刚

4. 梦想众筹写字楼办公模式,节省资源,利益共享,融资更融智!——韩伟

5. 梦想,美梦成真!——武俞杉

6. 众筹是一种创新,是一种力量,可以集合全社会的才智为经济发展做出贡献,同时也愿众筹能为社会公益事业谱写新篇章。——米克

7. 三人行必有吾师,众思众谋众享之。——王桂金

8. 集众人之力,筹事业之金!乘网络之风,扬金融之帆!——蔡平

9. 有梦想是快乐的,能追逐梦想是愉悦的,实现梦想那就是幸福的,幸运的!——杨森

10. 我的梦想是在未来的日子里,争取成为全甘肃省内杰出的慈善家、企业家。将我的企业做成回馈社会的中坚力量!——宋丽华

11. 包容、和谐、快乐!祝福每一个追逐梦想的人!——朱伟

12. 滴滴水,粒粒沙,聚万里河山;千万众,千万心,筹亿万梦想。愿众筹让每一个人都能和梦想牵手。——黄春浩

13. 集成建筑是我毕生的梦想。我坚信,坚持和努力必定会为集成建筑撑开更为广阔的天地,造福人类!——李欣

14. 让众筹插上坚实的翅膀,载着追梦人飞向成功的彼岸。——张丽会

15. 通过众筹将西博图医院蓝图实现,让大家共享健康权益。——龙克发

16. 今天众筹解放思想，明天赢得广阔市场。——朱洪峰

17. 众筹是创业者福音，是企业最好的营销方式，网站"房山企业网"有幸与众筹领导人刘文献院长共同发展，共同开辟新的更广的众筹事业。——宋天都

18. 愿刘院长的《解放众筹》推动我们早日实现"中国梦"。——陈培桃

19. 合力众筹，共赢为赢。——金柄谷

20. 推进诚信建设，提高普惠金融。——张贵金

21. 紧跟专家刘院长，共赢众筹大舞台。——黄金萍

22. 众筹使得中小企业与创业者获得新的融资途径，普通投资者有机会成为天使投资人。——涂涛

23. 中行，工行，建行，农行，行行喜做锦上添花；民企，个企，小企，微企，企企含泪坐视叶落，耐何！耐何！——常金城

24. 学习和弘扬中华传统文化，发展循环经济，保护环境，造福人类。废旧物资再生资源是利国利民的好项目！——严国民

25. 让众筹模式走遍神州，让众筹思想落地生根；让众筹点燃创业激情，让众筹成就腾飞梦想。——梅霞军

26. 基于透明数据的众筹是未来金融的主流。——高乾源

27. 大爱无处不在，仁义充满世界，儿女长成父母，人生无处不爱，时光不会重来，孝心不能等待。——肖卫平

28. 希望众筹能够成为无数个草根创业的风向标，刘文献院长能够成为无数创业者的领路人，特交所更是无数梦想家成就梦想的乐园。——徐德成

29. 助企业创新，帮大众投资！帮人成功，我即成功；帮助的人越多，成就越大。这就是众筹事业的成功逻辑。——陈翔苍

30. 150年前，有一个伟大的德国人卡尔·马克思说过，"公司"是人类历史上最伟大的发明，有了公司，火车轮子转起来了，到处全是高楼大厦；150多年后，有一个年轻的晋商金融少帅说，"众筹"是人类历史上第二大最伟大的发明！用好她，"中国梦"、"亚太梦"都不是梦！毋庸置疑，这个金融少帅就是本东家了，做金融十年来，从不良资产，天使基金，VC/PE，到并购重组上市，从来没有像今天的"众筹"一样，让自己解放到"迷人"并迷倒八邻四座。解放众筹！解放自己！解放生产力！——李彦峰

31. 通过抗癌英雄险、住院关爱险、孕育险等创新健康险种众筹，创立乐康健康保险有限公司，为大众健康谋福祉。——谢正勇

32. 众筹的世界是平的，互联网金融将项目和创意用最直接的方式找到了他们的粉丝，所以这本书叫作《解放众筹》，而我们所要做的事业，就是用众筹去解放！望众筹在齐鲁大地绽放光彩！——李进山

33. 我想众筹目前正在经营的三星级酒店的经营收益权，位置是当地的核心，门前有300亩的人民广场，风景绝佳。——孙伟

34. 我的梦想是众筹一个岛屿，建立自己的精神家园。——田雪鹏

35. 我想在天津生态城众筹李斯特音乐学院及文化创意园。——朱剑钧

36. 众筹一个全球金融智库。——王辉

37. 我的梦想是众筹一个诺贝尔医学智库。——林加印

38. 燕赵榴花迎风艳，江南细雨润梅鲜；梦想就如江南的烟雨，永不褪色！——史寅虎

39. 中国梦，好莱坞；蜡烛灯泡，畅销全球！——刘源

40. 我的众筹梦想是：通过众筹让世界上每个有阳光照耀的角落都有一块多晶硅电磁板，让永不枯竭的太阳能成为人们的绿色印钞机，造福子

孙后代。——何树生

41. 让众筹改变中国的民间金融市场。——孙殿伟

42. 仙地仙草,可耕可读,乐山活水,修性健体。

健康传播常态化,仙草种植科普化,修身养性生活化,体验活动趣味化。——周芳

43. 众筹把一切梦想变成现实,让一切皆有可能,从而实现财务自由。——李洁

44. 领筹众筹,解放梦想,成就未来!——丁志军

45. 我的众筹宣言:筹四方朋友、聚八方财富。——陆正平

46. 分享人生智慧,汇聚高端人脉,实现自我超越。——田莉

47. 众筹解放梦想,有梦想的你,我们一起众筹新世界吧。——连燕

48. 将蔡林记热干面带到全世界,让世界人民品尝到武汉的美味!——张绪明

49. 我要用全身心的爱来迎接今天!我的名字就是我的品牌!宋宫烤鱼、宋宫文化必将创造奇迹!——张志新

50. 我的梦想是:众筹一个千人的养老院,并且让她成为养老院的典范和标杆。让我们的老人老有所养,安度晚年。——魏世忠

51. 众筹不是富贵达人的专属游戏,是广大民众和创业者的下饭菜。人民,只有人民才是推动经济发展的真正动力!——马宁萍

52. 众筹梦想:我想众筹原生态山庄旅游基地,让原生态健康生活在我们每个人身边。——陈惠英

53. 众筹:认领种植韶山毛泽东故居100亩富硒香米,做真正放心、安全、生态富硒香米第一品牌!——刘守华

54. 一个"90后"企业家的众筹梦,筹的不是钱,而是科技的未来!我筹的是一起创造新时代的你。——何绍琪

55. 解放众筹，美梦成真！——李金昆

56. 建立一个利国利民的商业众筹渠道平台，让创业者的梦想不再是空中楼阁，让众筹的模式成为一种全民性的运动，通过这场运动塑造华夏儿女抱团打天下的民族性格。——郭志峰

57. 解放众筹，解放梦想！——袁思宇

58. 这本书的立意非常好，解放了众筹，实际上是对民间资本的解放，是对市场自由流动和交易的伟大促进。解放了众筹，才可以用众筹的方式去解放经济。——杨念玉

59. 玩转众筹，筹人、筹智、筹资，让人生的后半段大放异彩。——牛强

60. 中华传统文化教育协会发起，学祖宗智慧，改人生命运，众筹1000名会员，传承经典，学习国学经典，推广国学经典的启蒙工作，1200元众筹一台价值1500元的国学机，赠送价值598元的诵读丛书一套。——齐容悦

61. 我要做金融的领军者，跟着刘院长玩转众筹。——耿林娜

62. 众筹梦想：我想众筹一座大桥，帮助交通不便的山里的孩子。——林胜

63. 走进红色土地，保护绿色家园。领袖富硒产业，传承开慧精神。借力众筹平台，服务全国人民——邓利强

64. 浪淘沙·阿拉善：沙海卷风寒，浩渺无烟。滑沙乘浪站云端。人如沙海身似客，忘我娱欢！江山莫道晚，好不姻缘。天势天赐不换。成竹在胸心志笃，认定胜天。——姚施宇

65. 聚众人之力，筹共同梦想。——董宏

66. 众筹可以用最简单的模式，让富硒原生态农产品，最快、最安全地获得消费、投资和推介。这就把农民从不确定性的产品销售中解放出

来，把荒置的富硒土地从农耕自消费、低效率的开发中解放出来，把散而小的硒产业从无序竞争中解放出来，把农村专业合作社从资金的缺乏中解放出来，把美丽的恩施山水从沉默中解放出来，把热情似火的土家文化从地域中解放出来，把您的身体从缺硒中解放出来，把我们从硒无知中解放出来，把世界硒都从贫困中解放出来！——周星轲

67. 用第五种众筹模式打造全世界的金融航母！——孙浩然

68. 我们都从自我的世界中被解放出来，你走进我的生命，我走进你的人生，一起筹划未来，共追同一个梦，幸福快乐过好每一天。——温琰晖、任鹏鹏

69. 众筹一家坐落于西塘的咖啡屋，以特文艺特随心的装修风格，安顿每一个无处安放的青春。——尚娜娜

70. 感恩的心，感谢有你！你我相遇，彼此留下美好回忆，希望一起走完今生旅程，不管富贵还是贫穷，我们彼此只如初见！——王婉萱

71. 阳光下，我喜欢，有你在身旁；筹婚礼，集幸福，精彩不一样！——李笑漾

72. 我想众筹一所休闲度假式养老公寓！——包庆良

73. 我想众筹一个项目：烧制青瓷套件2000套，以世界非物质文化遗产——龙泉青瓷为载体，通过知名大师的艺术手法表现"中国梦"这一主题。——何进猛

74. 众筹，带着一股浪漫迷人的气质，就像我拨弄吉他唱歌一样，它让芸芸众生有了在舞台上一展歌喉的机会，可以看作是经济体系的"选秀"。由民意支持一个项目是晋级还是淘汰，这就使得很多"草根"项目，从自身有限资源中解放出来，借助大众找到支持者，进而获得发展。——沈海洋

75. 众筹是一个阳光少年，活泼、健康，带着新经济的光明和希望。

解放众筹，也是解放新的经济形态，用互联网把大众的智慧集结起来，将能缔造伟大的创新。众筹，注定是为梦想起航的一个大舞台，希望每个有梦想的人都能在这里获得璀璨人生。——叶梓

76. 从来处来，到去处去，用众筹编织梦想，让梦想照进现实！——甄学伟

77. 筹钱、筹人、筹资源，筹辉煌的事业！——王桂森

78. 我想通过众筹的方式写一本书，主要讲述摄影和财富管理的联系。——黄学毅

79. 作为众筹的实践者，既满怀希望，又如履薄冰。我们坚信众筹模式可以有效解决许多问题，但由于立法的滞后和不完善，众筹模式面临着许多风险。所以我们不得不谨小慎微，摸着石头过河。——刘朗

80. 找寻真爱。带着心，充满爱，土著式深度自助游走世界，已经去过几十个国家。余生，职业旅行，遇见另外一个自己，一起回家。——王静

以下数位认筹人，因种种原因虽未能在本书展示自己的众筹梦想，但相信他们内心都怀揣理想一往无前走在奋斗的大道上。众筹的通路者们！感谢你们的参与和支持。

张松柏、李在中、陈敏燕、郭真、马长林、张敬如、齐聪、匡露、刘镇海、谭亲林、谢怀太、唐发华、周发武、郭志、赵旭忠、周晓玲

后 记

不是结尾：众筹三人行
——众筹是锦上添花，还是雪中送炭？

有一个非常严峻的问题，必须放在这里讨论。这也是参与 N 多众筹项目设计的本书作者们，每天在夜深人静时刻思考的问题。故，在结尾特别设计"众筹三人行"节目，就下面这个话题进行讨论。

众筹是锦上添花，还是雪中送炭？

观点一：众筹应当是雪中送炭。（by：陈江涛）

若有人问：2014 年什么最火？互联网金融圈的人士肯定会异口同声地告诉你——众筹。其实，众筹的爆棚，带着一丝浅浅的无奈与淡淡的忧伤。

2013 年，中国社会仓促进入转型窗口期，市场经济在披上虚假繁荣的外衣后，各种官方数据依旧好看，而金融服务却毅然决然地滞后着。虽然在"宝宝"军团的刺激下，传统金融体系有努力改观的表象，可对于中小微企业庞大的资金需求而言，仍是微不足道的。

另一方面，因投资理财渠道过于狭窄，影子银行、放高利贷、庞氏骗局等违法行为屡次上演：参加各种收益项目的理财人，最终都"被捐款"了；以各种 MBA 班的名义被设立投资管理公司的总裁们，大多都破

后记

不是结尾：众筹三人行

产了……

正是由于这种借贷双方的信息不对称，才造成了中国经济重要发展力量——中小微企业发展的滞缓与纠结。

2014年，作为舶来品的众筹的崛起，让纠结不已的中小微企业家欣喜若狂，只差奔走相告、弹冠相庆了。那么众筹究竟是什么？说白了就是集众人之力、之财、之智，去协助个体共同完成一件事情。"筹"的同时，也完美解决了品牌推过、商品或服务营销等问题。这对于屌丝创业逆袭，中小微企业家破除资金瓶颈魔咒而言，可不就是一阵暖人心脾的三月春风吗？

写到这里，有人也许会觉得，这是一个典型的虐心狗血剧，从各种悲惨到完美结局。其实不然。此时，有一种情怀叫企业家，正在黎明前的黑暗中，悄然上演。

我手上有个项目是一家民营三甲医院，该项目负责人L总找到我们的时候，项目已经投资近1亿元。但是由于后续资金乏力，举步维艰。L总的经历就是很多二次创业的企业家经历的缩影，曾经的亿万富翁，身处二次投资创业困境，前半生努力奋斗的身家一片风雨飘摇，惨不忍睹。听说我们众筹平台后，L总前后三次不远万里赶来，第二次跟我一起工作了一个星期，就是想打磨出一个众筹方案，帮他的事业渡过难关。

然而，这个项目在我们领筹网平台过会的时候，当场被保荐律师团队拍死，认为风险不可控。当晚L总得到这个结果后，自己喝了一瓶白酒。胸中块垒，实在难吐。后来，在平台11月的项目推广活动中，L总再次赶来，最终还是因为众筹方案问题，未能最终登上众筹这个舞台。当我加班到深夜，面对"帝都"茫茫黑夜，内心升起一种"路在何方"的自我质问。

有人跟我说，众筹做的事情就是锦上添花，越不为钱而来的项目，越容易众筹成功。

然而，锦上添花一直是传统金融机构做的事情啊，如沐春风的互联网金融难道不是应该雪中送炭吗？众筹是实现梦想的舞台，现在却把众筹带给他们的希望，毫不留情予以掐灭。那么众筹还有什么未来？还能带给人们什么希望？

谨小慎微，无可厚非。毕竟国家的监管态度还不够明朗。加之众筹现在的冰火两重天——一边迅速爆棚、创造奇迹，一边负面情况层出不穷。但我们不能为了规避风险而对参与众筹的项目本身予以否认。如果这儿有风险，那儿也不靠谱，经济还如何发展？普惠金融还如何布局？众筹作为一种金融创新，国家都以一种鼓励的、包容的态度对待它，给它以成长的时间。我们为什么要急于否定它呢？

那么众筹的未来究竟在哪里，如何实现一切皆可众筹？我觉得首先要改变思维模式，国家对众筹的鼓励与包容就是直接体现。我们作为践行者，要以发展的眼光看问题，同样问题也可以在发展过程中予以解决。我们更应该担当起探索与规范的重任，绝不能因畏惧风险而裹足不前。美国《JOBS法案》的出台，相信也是众筹行业在摸索中前进、在发展中规范的结果。今天十大律师事务所与咱公司签约，相信也是看中了众筹的发展前景。但是思维一定要先行解放，然后才是解放众筹。

在当代中国，有那么一批企业家，在时代的转型与变革中创业，夹缝求生，水深火热啊！兄弟们。由于固有的金融体制等原因，资金短缺问题成了他们最大的难题，有的甚至成了压倒骆驼的最后一根稻草。这本书叫作《解放众筹》，希望众筹真的可以在解放的道路上走得更远，让那些企业家的梦想通过众筹的舞台完成。

马云说：梦想还是要有的，万一实现了呢？

请众筹的践行者们，伸手护佑一下那些怀揣梦想寒夜前行的人们。

后记

观点二：众筹现在还是锦上添花。（by：Nothing Li）

书接上面陈同学观点。

就我个人来说，非常希望众筹是一个雪中送炭的舞台。但是在现实做项目的过程中，能做的多半是锦上添花的事情。第一次见本书作者之一的孙斌律师，就是听他演讲。给我留下深刻印象的一句话是：众筹更多的是锦上添花，而不是雪中送炭。

平时，包括我在内，经常嘲讽传统金融机构"嫌贫爱富"，不缺钱的企业不公关也得给人家贷款；而缺钱的企业，怎么公关也不给贷款。来到众筹平台上的项目，更多的是那些传统金融看不上的企业。但是，也许正是这样的企业，带着未来中国新经济腾飞的火种。

在众筹的道路上接触的项目越多，越能感触到马云话语的力量。"银行不改变，我们就改变银行。"这是暗夜里的怒吼，此刻我更能体会这件事情的魄力和伟大。传统企业在传统金融机构下面谋求生存，那种忐忑和卑微，是表面风光的企业家最不能触碰的痛楚。

解放众筹，就是要打破旧世界，缔造新世界。这是我们的梦想，这梦想需要众筹道路上的兄弟一直坚持，直到实现。但在实现之前，总是由于各种原因向骨感的现实妥协。虽然那些企业家用渴望的眼神感动着我们，但我永远记得某人说过的话——"金融永远是冰冷的"。不但金融是冰冷的，任何的生意都是冰冷的。

我们做项目的过程中，路演时群情激昂，喝酒时几乎激昂到九霄云外。可是，当认筹者掏钱的时候，协议上就算有一个条款写不到位，钱也是筹不上来的。一个众筹产品，如果没有清晰的法律界定，没有清晰的风险告知，没有清晰的权利、义务、责任说明，这个项目热闹结束后的散场，可以负责任地说，那是会很难看的。

众筹现在还是一个少年，活泼可爱，但能经受住多少风霜？一方面，一个众筹平台，日新月异发展，为筹资人梦想而战。但另一方面，作为众筹平台，我们又担负了认筹人的梦想，同样责任重大。中国的认筹人，愿意从自己腰包掏钱去支持一个可能血本无归的陌生人的梦想吗？我觉得很难。如果用玩耍的心态去做，无所谓得失，是没有关系的，只不过还在做原始资本积累的中国投资者，可能并不具备这样玩耍的心态。

众筹平台对项目的需求，不是由我们的理想决定的，而是由市场决定的。有什么样的市场，就有什么样的平台和产品。正如有什么样的国民，就有什么样的国家一样。

观点三：众筹既不是锦上添花，也不是雪中送炭！众筹是琢璞成玉、是化茧成蝶！众筹是大浪淘沙、是沙里淘金！（by：万里伏鹏）

在本书的编写临近尾声的时候，负责统筹本书编撰的 Nothing Li 突然抛给我一个问题："众筹是锦上添花，还是雪中送炭？"

听到这个问题我的第一反应是，锦上添花这么"高大上"的事情，有银行等一众老大哥在前面挡着，怎么也轮不到众筹这个小弟身上吧，况且，众筹现在还不是什么鲜花，顶多也就是个狗尾巴草。

说起雪中送炭嘛，我们接触到的很多客户，的确都是抱着这样一份期待找到我们的，就像前面江涛讲到的民营三甲医院的 L 总，就是一个很鲜明的例子。但有的时候，我们也只能遗憾地表示抱歉和无奈，毕竟众筹不是包治百病的灵丹妙药。

那么说到这里有人就要问了，你们前边不是把众筹说得这么好、那么好，说得神乎其神的吗，怎么一到真章就成了熊包蛋？！难道众筹只是个花架子，是个中看不中用的银样蜡枪头？！

通过我们前面的讲述大家可以了解到，众筹尤其是经营权众筹，的确可以在企业的发展过程中起到重要的推动作用，但众筹不会变魔术，它不

后记

不是结尾：众筹三人行

会无中生有、点石成金,而且众筹的筋骨还不够强健,还当不起能让企业起死回生的中流砥柱,如果非要把"挽狂澜于既倒、扶大厦之将倾"那样的重担全压在众筹身上,恐怕还没等它长大,就已经被压垮了。

至于给创业型企业雪中送炭的事,可能只有VC、PE他们会去干,当然,他们送出去的是炭火,要求的回报却是黄金!

既然锦上添花轮不上众筹,雪中送炭众筹有时又力有不逮,那么众筹到底是什么呢?

我觉得,对于创业者和经营者来说,众筹应该是琢璞成玉、是化茧成蝶!

其实,众筹的缘起就是创意型产品,你如果有好的设计创意或好的发明创造,但又缺乏足够的资金将之变为现实,那么此时众筹就是你生命中的那个贵人了!就像你有一块很好的璞玉,自己又没有能力雕琢,那么通过众筹,大家就可以帮助你一起琢璞成玉!众多创业型经营者正恰如那虽有梦想但却被困在茧中的虫儿,众筹能让你实现破茧而出、振翅高飞的凤愿!

所以我说,对于创业者和经营者来说,众筹是琢璞成玉、是化茧成蝶!那么对于普通投资人来说,众筹又是什么呢?

既然众筹能够帮助创业者和经营者实现琢璞成玉、化茧成蝶的梦想,那么众筹同样可以帮助普通投资人找到那块能雕琢成美玉的璞,找到那只能化蝶而出的茧!

众筹的最伟大之处就在于它将普惠金融的触角伸向了最广泛的普罗大众,如果说选举制度是人类政治文明最伟大的成果的话,那么众筹就是人类经济领域中最伟大的成果,至少是最伟大的成果之一!众筹实际上就是广大的普通投资人用手中的货币对创业者或经营者投出的选票,它能让真正有发展前景、能给投资人带来实实在在回报的好项目、好企业脱颖而出，从一个不为人所知的"灰姑娘"，变成万众瞩目的"白雪公主"。从这个意义上说，众筹对于普通投资人来说，就是一个大浪淘沙、沙里淘金的过程，实现了经济自由、经济民主，这其实也更充分地体现了自由市场经济的本质。

我想，如果创业者、经营者和投资者，都能通过众筹实现他们各自的梦想的话，那么，总书记所倡导的"中国梦"不就实现了吗?！

谨以此献给所有奋斗在追梦路上的人们！